如果国宝会说话

第一季

《如果国宝会说话》节目组 编著

 五洲传播出版社

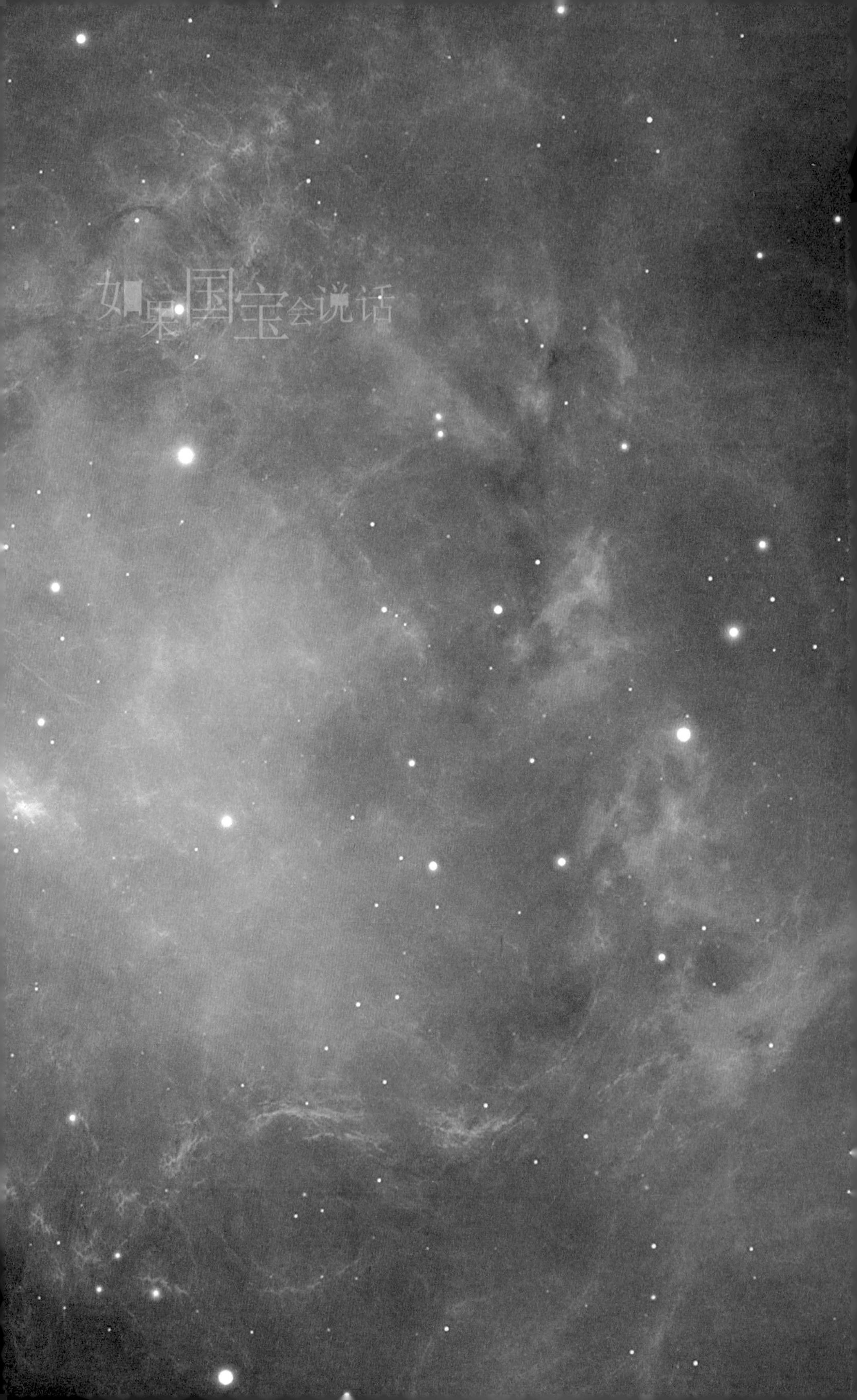
如果国宝会说话

序 一

巍巍华夏，泱泱九州。中华民族5000多年的恢弘历史创造了博大精深的中华文明，留下了灿若繁星的文物瑰宝。中国国家主席习近平强调，"让收藏在博物馆里的文物、陈列在广阔大地上的遗产、书写在古籍里的文字都活起来，让中华文明同世界各国人民创造的丰富多彩的文明一道，为人类提供正确的精神指引和强大的精神动力"。中国国家文物局始终致力于中国文化遗产保护的生动实践，为延续中华文脉、传承中华文明，不断加大文物保护力度、保障文化遗产安全、推进文物合理利用、深化文物对外交流合作。全国76.7万处不可移动文物、1.08亿件/套国有馆藏文物，历久弥新、隽永多姿，成为新时代中国闪耀世界的金色名片。

纪录片《如果国宝会说话》由中央宣传部指导，中央广播电视总台、中国国家文物局共同打造，用精巧的节目构思、精美的电视语言、精炼的讲述手法为全球亿万观众展现中华文物的魅力。这些文物精品，有的历尽沧桑，见证中华文化薪火相传、代代守护的高贵品格；有的跋山涉水，记录中华文明亲仁善邻、交流互鉴的高远境界；有的底蕴深厚，积淀中国人民崇德尚善、自强不息的高尚情怀。过去，他们或曾束之高阁、尘封千年；如今，他们走进千家万户、涵养社会大众。中国古语有云，"周虽旧邦，其命维新"。

今天，我们把《如果国宝会说话》的同名图书奉献给全世界热爱文化、珍视文物、传承文明的朋友。愿中国文化与各国文化交相辉映，愿古老文明与现代文明相得益彰，愿华夏文物瑰宝与人类文明结晶永续传承。期待并欢迎大家来到中国的文博单位，亲眼见证中华文物的绚烂多彩，亲身感受中华文明的源远流长！

顾玉才

中国国家文物局党组副书记、副局长

序 二

中央广播电视总台央视纪录频道，是中国唯一国家级专业纪录片平台。近年来，纪录频道以"创新突破的表达、媒体融合的手段、国际顶级的影像"诠释与传播中华文明为宗旨，推出了一系列呈现中华文明风貌的高品质纪录片。

中国存世的文物，举世数一数二。文物虽静默不语，却蕴含着丰富的信息。如何从电视艺术、视觉呈现、信息组织与再传播的角度，找到最适于文物本体，以及当下传播特点的形式，让文物"说话"，是我们一直以来思考的问题。《如果国宝会说话》正是在这一领域的重要实践和探索。

《如果国宝会说话》是由中宣部、中央广播电视总台、国家文物局共同实施的国家涵养工程百集纪录片。该片选取在中华文明进程中具有标志性作用的 100 件文物，以每件主文物一集、每集 5 分钟的短小篇幅，集合起 500 分钟的鸿篇巨制，从"文明进程指示物"的角度，重新解读文物，以文物认识中华文明，从而起到"中华文明视频索引"的作用。这不仅是全新的纪录片形式，更是在全新传播语境和手段上的创造性尝试。

如果说纪录片是从文物本体到影像的第一次转化，那么《如果国宝会说话》同名图书，则是第二次转化。这本书将带领读者实现上下八千年、纵横两万里的文物纵览，能对基于文物的中华文明建立印象，同时又能深入了解某件具体文物的信息。在这里，大历史与小文物有机融合，文物不再是孤立于博物馆展柜的"物品"，而是从历史中走来的带有气息的文明信使，从而更好地进入历史情境，体认中华文明。

这本书的出版是"中华文明视频索引"的阶段性回顾。我们希望能与观众和读者们一起，共同感受古老文明带给我们的震撼与感动，探索索引之外更浩瀚丰富的中华文明的广阔时空，从而对于我们身处的历史时空有更明晰的认知和方向。

张宁

中央广播电视总台

目录

人头壶

最初的凝望

人头壶

馆藏：西安半坡博物馆
出土：陕西省洛南县
年代：新石器时代仰韶文化

你来自泥土，头微微扬起，仿佛仰望天空。6000 多年过去了，我们进食，生存，繁衍，不断进化。而今凝望着你，我们依旧在思索这一切的意义。

人头壶——红陶材质，由仰韶文化先民制作于 6000 至 6500 年前。那时候的人们不断打磨手中的石器，开始驯养家畜，开垦田地，形成聚落。人类历史进入了新石器时代的纪元。

陶是人类第一次从无到有的实验。在双手的作用下，土壤、水、火交织在一起，发生物理和化学反应，实现质的转换。

鲵鱼纹彩陶瓶
甘肃省博物馆
新石器时代

鹳鱼石斧图彩陶缸
中国国家博物馆
新石器时代

红陶人头像
甘肃省博物馆
新石器时代

人头形器口彩陶瓶
甘肃省博物馆
新石器时代

沃尔道夫的维纳斯
维也纳自然历史博物馆
旧石器时代

红陶人面像
甘肃省博物馆
新石器时代

从对泥土的把弄开始，人类认识到自身创造万物的非凡能力。初生如光明照耀，死亡如黑夜降临。人类一次次地发出悠长的疑问，也一次次地熔解于沉重的泥土。根源于对生和死的思考，人类开始了对自我的凝望。

世界各大古老文明的觉醒大约都从人像艺术的诞生开始。这件仰韶文化陶壶只不过是大地留下的亿万张迷惘的面庞之一。

陶壶的人像难以分辨男女，那微微上翘的嘴唇仿佛儿童般纯真地仰起。这件器物既是壶，也是人的身体。那宽大浑圆的腹部似乎隐喻着女性的丰腴

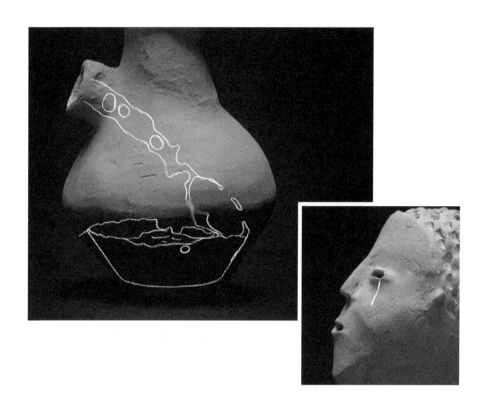

身材与生育机能。人头壶的后背伸出一根断面呈扁圆形的管道，用于向壶内注水，眼睛和嘴巴则构成出水口。窄小的出水口降低了器物的实用性，暗示了这件陶壶或许还具有额外的功能。当水从人头壶的眼睛流出，恰如泪水流淌，纪念着人类孕育的最初痛楚。

那些古人参照自身捏塑出的形象，比他们的制作者拥有更漫长的生命，与大地同寿，至今容颜清晰。

我们凝望着最初的凝望，感到另一颗心跨越时空，望见生命的力量之和。6000 年，仿佛刹那间。村落成了国，符号成了诗，呼唤成了歌。

1924 年春，安特生和他的中国团队在兰州邮电局给文物装箱。

安特生与仰韶文化

安特生

1914 年，瑞典地质学家安特生（Johan Gunnar Andersson，1874 年 7 月 3 日~1960 年 10 月 29 日）来到中国，协助中国政府寻找铁矿和煤矿。此时中国正在军阀混战时期，寻找矿藏的工作无法按计划进行，安特生改为调查采集中国古生物化石。1921 年，当时在河南仰韶村调查的安特生被一些流水冲刷露出地面的彩绘陶片所吸引，中国田野考古学的序幕被揭开。由安特生主持、中国地质学家一同参与的考古发掘在仰韶村展开，出土了大量的带有彩绘图案的精美陶器。这种文化类型按发现地命名，即著名的"仰韶文化"，是中国第一个考古发掘的史前文明。

姜寨聚落遗址

1972~1979 年间，中国考古学家在陕西省西安市姜寨村发掘了一个完整的史前村落，即姜寨聚落遗址。从考古发掘的陶器、石器等遗物来推断，这个村落属于仰韶文化时期，并持续存在了很长一段时间。

这个村落整体为圆形，中间为一块广场，所有房屋的门都朝向广场围绕排列。房屋有 100 多座，大致可分为五个群体，每个群体内都有一座较大的房子。房子外有许多陶窑，陶器是当时的人们都会制作的一种实用器具。广场内有两处圈养牲畜的场地，牲畜可以为村落中的人们提供肉类和劳动力。村落中的人们死去后，被按照一定血缘亲族关系，埋葬在聚落外的东边和南边。在这里发现了 600 多座墓葬，陪葬品有人们生前使用的石器、陶器和装饰品。

姜寨聚落遗址复原

仰韶文化遗址全景

姜寨聚落遗址发掘现场

新石器时代人头像

中国的新石器时代开始于八九千年以前，那时的人们开始村落定居生活，逐渐开始种植农作物、饲养家畜，磨制石器和陶器的技术愈发成熟，纺织术开始形成。在满足了基本的日常生活需求之后，人们开始了对美的追求，这是一种高级的精神需求。他们用随处可见的泥土，按照自己的样貌，塑造出了这些陶人像。

有些人像是附在实用器上的装饰品，如安特生在仰韶村发现的彩绘人像，双耳、双目和嘴部有穿孔，面部彩绘，被装饰在陶壶或者陶盘上。而另一些陶人像被赋予原始的宗教信仰意义，中国东北地区的牛河梁地区发现一座红山文化房址，房址墙壁上有彩绘，室内发现大量的陶塑人像残块，最重要的就是发现一尊真人大小的陶塑头像，她面部涂有红色，双眼内镶嵌青色玉片，被誉为"红山文化女神像"。2012 年，在内蒙古又发现一尊红山文化的整身陶塑人像，他双手在身前交叉，盘腿而坐，嘴部前突像在呼喊，应该是当时的巫师形象。

这些新石器时代的陶人像，展现了原始先民们的美术创造力和丰富的想象力，也为我们揭示了祖先们的形象。

蚌埠纹面人头像

黄陵桥山陶塑

红山文化女神像

红山文化陶人

安特生在仰韶发现的彩绘人头壶、人头盘

贾湖骨笛

穿越九千年的笛声

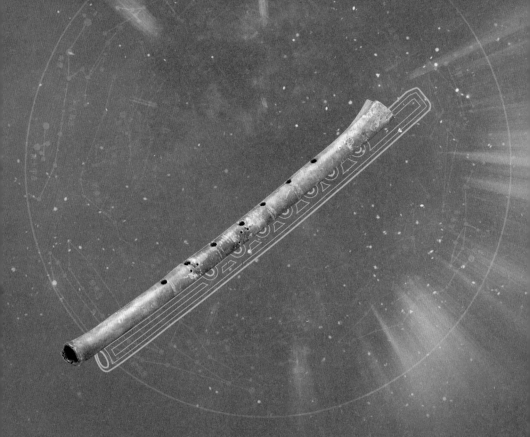

贾湖骨笛

馆藏：河南博物院

出土：河南省舞阳县贾湖村

年代：新石器时代

9000 年前一只仙鹤死去，把翅骨留在原始人的村落里。人们捧着它，耳边响起鹤群哀悼的声音。

把仙鹤的翅骨凿成乐器，这是一次勇敢的尝试。一支朴素的骨笛由此诞生。它的孔排列上下不一，吹口也还没有那么讲究。但先人们用神奇的灵感创造了一种朴素的乐器，并延续发展，不断丰富，直到今天。

中央民族乐团笛箫演奏家丁晓逵演示了不同时代的笛子发出的不同的声音，这些笛声，有的来自现代，有的来自 1000 年前，还有一个声音来自 9000 年前。丁晓逵说："这是骨笛，有 9000 年的历史，是最远古的声音。"

丁晓逵一直珍藏着一支仿制的骨笛，它的范本，就是 7800 到 9000 年前的史前聚落遗址河南贾湖遗址出土的骨笛。1986 到 1987 年，在河南贾湖遗址出土了 20 多支这样的骨笛，这也是中国目前出土的最早的乐器。

早期的骨笛可能只是为了模仿鸟叫，以吸引猎物；慢慢地，狩猎之后的欢庆让这些骨笛变成了乐器；再后来，人类的审美不断升级，人们开始需要越来越复杂的乐音。

在这些贾湖骨笛中，从最早的五孔，到后期的七孔甚至八孔，正反映着这种文明的进化。很多人认为传统的中国音乐是五声音阶，七声音阶是外来传入的，而七孔的贾湖骨笛已经可以发出近似今天的七声音阶，这也让很多研究者改变了对中国古音乐的看法。

狩猎岩画 阿拉善曼德拉岩画

而要在仙鹤翅骨这样不规则的管子上找到吹孔的完美位置，狩猎的原始人必须一点点尝试、修正。直到今天，顶级的笛箫调音师都在用这种传统的方法。

贾湖骨笛 河南博物院 新石器时代

9000 年斗转星移，生活逐渐转化为艺术。骨笛也慢慢演变成竹质笛箫的大家族。今天，在丁晓逵以及更多的中国音乐家这里，这些来自几千年前的乐器，也具有非常现代的表达。只是贾湖骨笛的影子也许一直在背景处低吟着历史的回声。

穿行在骨笛孔洞之间的是 9000 年前人类的呼吸，那是文明的先声——那时风动，此时心动。

鹤

丹顶鹤以修长的颈部、洁白的羽毛、优雅的体态著称，它头上的一抹红色，更增加了中国人对它的喜爱。丹顶鹤的举止飘逸，步履轻盈，展翅飞行时直冲云霄，在中国神话中被认为是仙人所饲养和骑乘的神鸟，故称为"仙鹤"。清代粉彩福禄寿三星瓷板画中，用仙鹤、神鹿等神兽和彩色的祥云构成神人居住的仙境。

清代粉彩福禄寿三星瓷板画

一日，宋徽宗看到一群仙鹤飞舞在天空中，彩色的云朵飘浮在皇宫的周围，这一吉祥的征兆，预示着国运兴盛。宋代这位爱好艺术的皇帝将他看到的这一景象描绘下来，这幅画就是著名的《瑞鹤图》。

宋徽宗 《瑞鹤图》

鹤栖息在水边，它的生活环境中并没有竹子。但中国文人和僧人将竹和鹤这两种他们喜爱的事物描绘在一起，形成自己心目中完美的私家园林。在自家庭院中会客漫步，竹子的清秀文雅，鹤鸣的清亮，为文人和僧侣构成舒适惬意的居住环境。

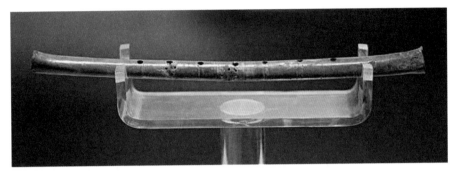

贾湖骨笛

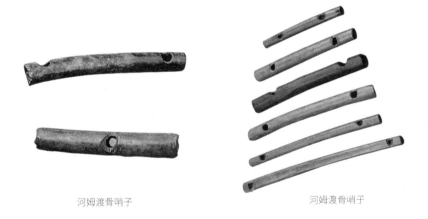

河姆渡骨哨子　　　　　　　　　　河姆渡骨哨子

笛

　　笛是中国最早产生的乐器之一。"笛"字的竹字头，标明制作它的材质多是竹子。或许是因为竹子不易保存，考古发现最早的笛子是骨管制作的。

　　浙江省河姆渡遗址发现的这些骨哨，可能是骨笛的前身。骨哨选用6~10厘米长的禽类骨管制成，一侧刻孔，有的骨管内还插一根可以移动的肢骨，用以调节声调的变化。新石器时代的猎人利用骨哨模拟鹿的鸣叫，吸引异性的鹿，伺机诱杀。

河南省贾湖遗址一共发现了 20 多支骨笛。相比于河姆渡遗址的骨哨，无论从选材、制作工艺还是可以演奏出的音阶数量，贾湖骨笛都已经很成熟。贾湖骨笛的骨管两端都经过切割磨制，孔径基本相同，加工精美。早期的五孔笛只能吹奏四声和五声音阶，晚期的骨笛能奏出完整的七声音阶，有的骨笛旁还有调音用的小孔和等分符号，能吹奏出一些变化音。

其后中国音乐和舞蹈作为仪式祭祀的重要组成部分，形成"礼乐制度"。笛子与其他中国传统乐器合奏，配合优美又合乎规矩的舞蹈，代表天地自然的秩序，也是君主自己传达治国安邦的理念。

敦煌 112 窟

敦煌莫高窟第 112 窟的壁画中，向我们展示了六位乐师演奏横笛、琵琶等乐器，中间的舞者反弹琵琶，边弹边舞。他们用优美的音乐和高超的舞技供养佛祖。

唐三彩骆驼载乐俑

《韩熙载夜宴图》局部

　　唐代三彩骆驼载乐俑展现了一匹高大的白色骆驼背上，左右两侧各坐两个胡人乐师，正在演奏胡乐，中央一位胡人挥臂舞袖，合乐起舞。1000多年过去了，穿着绿袍的乐师手中的乐器已经不在，但从他双手横握按孔的姿势推断，他拿的是一把笛子。

　　《韩熙载夜宴图》这幅著名的画作描绘了五代时期的官员韩熙载在家里举办的宴会，在宴会的后期，主人韩熙载宽衣解带，盘腿坐在椅子上乘凉，欣赏家中的五位女乐师吹奏的曲子。她们都是在吹奏竹制乐器，两位演奏横笛，三位演奏筚篥（bì lì）。

陶鹰鼎

陶醉了六千年

陶鹰鼎

馆藏：中国国家博物馆
出土：陕西省华县太平庄
年代：新石器时代仰韶文化

陶，出于土，而炼就于生活。它需要摔，需要捏，需要烧……制陶如塑人，在经过这些磨难之后，陶土便成了器，完成涅槃，变成神态各异的样子。而它，陶鹰鼎，则是中国远古陶器中最特别的一个。

它是 6000 年前新石器时代仰韶文化的陶塑。仰韶文化以彩陶为最重要的特色，器物多是生活用品，陶鹰鼎是唯一一件以鸟类为造型的。

它当初是做什么用的？是盛水？储粮？还是祭祀？又为什么要把它做成鸟的样子？正因为它的唯一性，缺乏参考，所以，这些问题还在吸引着研究者去探究。但可以肯定的是，陶鹰鼎显示着 6000 年前中国人的生活器具中，实用性与造型性已经可以达到非常美妙的融合。

陶艺师可可说："这件陶鹰鼎具有王者之气。虽然看起来非常可爱，但是它的那种气势，那种霸气还是很明显。"

可可偏爱古代器具中的动物造型。她要仿做的下一个作品，就是陶鹰鼎。

6000 年过去，陶鹰鼎的制作地点、方式、方法、制作周期、烧制细节，都已经无据可考了。现代的制陶者，也只能靠着图片和想象，用自己擅长的方式去赋予它新的生命。

可可说："我开始做的时候，会先做身体这一部分，等它稍微干燥一些以后把

它翻过来，然后再继续做它的腿部，包括它的支撑，最后再把鹰的头部做上去。"

　　这是一只有着胖胖腿的鹰，尾巴和两只前爪巧妙地构成了鼎的三足。鹰的胸部和身体占鼎身的主要部分，内容即胸怀。陶鹰鼎的造型，带着上古的气息，也带着中原质朴的民风。但更神奇的是，它除了上古的王者之气，又同时显示出另一种很现代的气质，用当下的话说，就是——"萌萌哒"。在这个层面，陶鹰鼎又可谓古典与现代的美妙融合。6000 年前的造型艺术精湛至此，令人不禁赞叹。

　　捧着陶鹰鼎，就捧起一抔 6000 年的泥土，也捧起一抔中华文明起源的泉水。

　　陶，是时间的艺术。泥土太干则裂，太湿则塌。为了成就一件完美的陶器，匠人们需要等，等土干，等火旺，等陶凉。今天的我们，总感叹生活太快、时间不够用时，6000 年前的古人就已经教给我们如何与时间融合，如何不与时间较劲。

假如陶鹰鼎会说话，它也许会告诉我们6000年前它在熔炉内外的日日夜夜吧。今天，它就珍藏在中国国家博物馆，展示着天工造化，展示着巧技神思，也展示着属于它自己的"肌肉萌"。

彩陶文化

安特生发现仰韶文化遗址后，并没有停下脚步。他发现中国出土的彩陶与西亚和中亚彩陶有相似之处，尤其是与两河文明附近的安诺遗址（Anau，土库曼斯坦境内）彩陶非常接近，于是萌生了"中国文明西来说"。

自此以后，几代中国考古学家经过大量考古发掘，确立了中国境内新石器时代的文化谱系，从手工艺技术（包括彩陶纹饰）、村落遗址、墓葬形式等，证明了仰韶文化是由中国本土的大地湾文化、磁山文化等发展而来。

除了仰韶遗址，中国境内还发现了越来越多的新石器时代彩陶文化遗址，它们大多分布在黄河流域的中下游，覆盖了今陕西、山西、河南等地，黄河上游甘肃地区也有分布。先人们用赤铁矿粉作为颜料，使用类似毛笔的工具，在未烧制的陶器表面绘制各种图案，在1000℃左右的高温下，橙红色的器物上呈现出黑色或红色的图案。

在双耳陶罐上，用黑彩和红彩描绘了有人首青蛙身体的神人纹饰。有时会将人首抽象为有网纹的圆圈纹，或者干脆省去，只剩下变形蛙纹一般的身体。古人观察到青蛙每次都会产下许多卵，孵化出许多蝌蚪，出于对这种生殖能力的崇拜，人们将青蛙和人首结合绘在陶罐上。

小口尖底瓶是用来盛水的容器。器身上以黑色的波浪线表现水的流动，黑色曲线

安诺文化彩陶

马家窑文化神人纹彩陶罐

马家窑文化几何纹彩陶罐

汇集到一起，和中间的圆点构成漩涡纹。古人将柔和的弧线和醒目的圆点相结合，利用弧线的起伏旋转表现水流奔腾向前。马家窑文化的彩陶中有很多描绘水的纹饰，而这些纹饰装饰在盛水的容器上也表明了它的用途。

鸟形罐的口部偏在一侧，如鸟的头部般上翘。两个系如同鸟的翅膀。与罐口相对的一侧，有贴塑上的鸟尾。整个陶罐是鸟胖胖的身子。鸟形罐上的主题纹饰为漩涡纹，漩涡中间的圆形内分割成一个个小方格，像河流围绕着的整齐的农田。

有的器物在彩绘前，先在橘红色的器身上涂一层白色的陶衣，再绘制红色和黑色图案，使彩绘纹饰对比更加强烈。

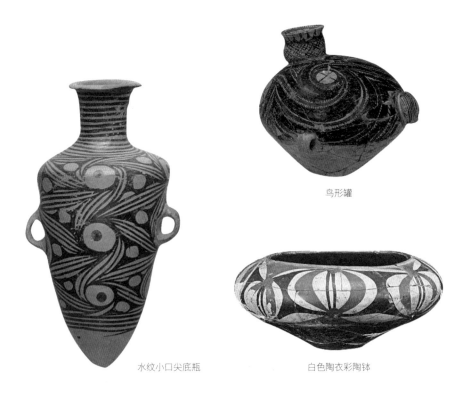

鸟形罐

水纹小口尖底瓶

白色陶衣彩陶钵

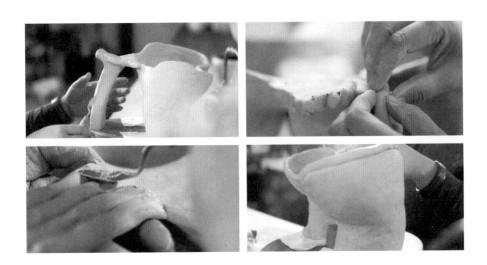

泥条盘筑法

陶器的产生是新石器时代最重要的一项发明。人们发现这种有黏性的土经过火烧后会变得坚硬，可以用来储藏粮食；加热后的器皿吸水性也会降低，可用来存水和烹饪食物。陶器变成了生活必需的日用品。

新石器时代的人们都会做陶器，他们先将陶土中的杂质石块挑选出来，使得陶土更加干净。作为炊具的陶土中要按一定比例增加石英石粉末，混合后加水反复揉搓、摔打，以增加陶土的韧性，不至于在烧煮食物的时候裂开。揉炼好的泥坯就可以用来制作陶器了。

小型的陶器可以由泥坯直接捏塑而成，而较大的器型就要采取其他的方法。泥条盘筑法是古人们最早掌握的陶器成型的方法。将泥坯揉成细长的泥条，从器物的底部开始，将泥条从下而上盘旋筑成器物的雏形。拍打衔接处加固上下两根泥条，再用手或工具抹平器壁，使器物美观坚固。结构复杂的器物，先盘筑主体后，再接合其他细节。泥条盘筑法可以制作很大而且复杂的器物，但是器壁比较厚，形状也不太规整。

龙山蛋壳黑陶杯

0.2毫米的精致

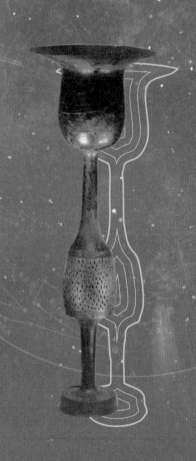

龙山蛋壳黑陶杯

馆藏：山东省文物考古研究院
出土：山东省济南市历城区龙山镇
年代：新石器时代龙山文化

　　大家对"薄"有怎样的理解？薄如蝉翼？薄如钱唇？1厘米？1毫米？甚至是0.2毫米？

　　距今4000多年前，中国黄河中下游，龙山文化时期，最质朴的材质邂逅了最巅峰的工艺。出土的数量极少的薄壁黑色陶杯，留下了那个时代的千古绝唱。

　　地球早期的文明最先被陶器所散发的质朴光泽照耀。龙山时代的黑色陶杯在多姿各异的彩陶世界中如此与众不同。

蛋壳杯为薄胎成型，是世界上最早使用快轮技术的典范。"4000 年前地球文明最精致之制作"，这是世界考古学界对龙山时代黑陶杯的赞誉。

山东省博物馆正在进行文物信息采集。博物馆的工作人员说："这件蛋壳黑陶杯器壁非常薄，口沿这个地方大约只有 0.2 到 0.5 毫米，里面还有陶丸，我都不敢使劲动它。这是古人的一个杰作，特别高挑，是蛋壳陶中最漂亮的。"

出土的蛋壳黑陶杯造型各不相同，它们非来自批量生产。工艺的背后件件都饱含着信仰与尊崇。极致的工艺，使黑陶杯独步天下。以现在的技术还原原始的工艺，要达到如此极致的薄度，依然难以企及。

记者询问："哪里能显示出轮制的痕迹？"博物馆工作人员回答说："从

杯口底座这个部位可以清晰地看到快轮制作的痕迹，口沿这些地方也能看到。"

如此薄壁的陶胎在快速旋转中非常容易破碎，做这类小型器皿，对快轮轮盘设备的精密性与旋转时的稳定性要求非常严格。由于至今没有发现窑址，四千多年前这些动力设备究竟是怎样工作的，我们只能止步于想象。

蛋壳陶取材于远古时期河湖中沉积的细泥，经反复淘洗，不含任何杂质，最质朴的材质所能达到的极致，保障着器物的拉坯塑形与成形之后的细密坚硬。

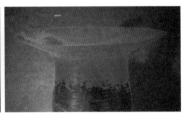

窑炉的温度与烧制时间的把握，决定着陶器最终的命运。史前时代的黑科技或许是这样的：独特的"封窑渗碳"技术，将碳分子在高温状态下渗透到胎体的微孔里，经过研光的胎体表面黑色呈现。这种神秘的黑色的金属光泽带着直观的视觉冲击和震撼，让人不由自主地生发无限敬畏，产生不可轻举妄动的虔诚心意。

可以想见，当时这种高端器物的生产或许被特定阶层垄断。耗费如此的人力物力去达到一种极致，究竟是出于什么样的目的呢？

也许，作为礼器才能合理地解释蛋壳陶的存在。用规范化的系统与工艺极致的器物来表现祭祀中虚幻的"礼"，这是权力与等级的诉求。

龙山文化时代，黄河下游的山东沿海地区，陶器的制作从随性到严格的工艺程序，预示着人类社会新的秩序慢慢形成。

如果蛋壳黑陶杯是礼器，那陶土在硬度上的遗憾，只能等待未来的青铜去弥补。

城子崖遗址发掘现场

龙山文化

　　20 世纪 20 年代，自安特生发现了仰韶文化之后，中国的学者也开始关注考古发掘。1928 年，中国考古学家吴金鼎在山东省龙山镇发现了一种很薄又带有黑色光泽的陶片，它们与石器、骨器共存，这是一种新的新石器时代文化。1930 年，李济、梁思永等人正式发掘城子崖遗址，确立了龙山文化，因出土精美的蛋壳黑陶，当时它被称为"黑陶文化"。

李济在考古现场

城子崖遗址出土陶鼎

龙山文化玉簪

　　龙山文化时期，人们的手工技艺非常精巧，除了令人惊叹的蛋壳陶外，玉器制作工艺、绿松石镶嵌技术高超。这件玉簪由两部分组成，上半部分为白色玉石透雕而成，并镶嵌有四颗圆形绿松石；柄部为墨绿色玉质，顶部有凹槽，用来连接簪首，柄身有多条竹节纹。这件精美的玉簪同多件蛋壳陶杯、绿松石耳饰、玉配饰、骨器等众多陪葬品一同出土于一座大墓，可以想象这座墓主人拥有众多财富和强大权力。对比其他简陋的墓葬，可以看出当时的社会阶级已经有很大差别。龙山文化已发现大型的城址，大量种植的水稻，开始尝试铜的冶炼，甚至出现了刻在陶器上的文字符号。龙山文化已经点亮了文明的曙光。

轮制陶器

相比仰韶时期，龙山时代制陶业有了重大的进步，主要表现在广泛使用快轮拉坯。陶轮是一个圆盘形的工作台，固定在一个竖立的轴上，用手摇或脚踏使其旋转。将泥坯放置在陶轮上，利用陶轮的旋转，用双手将泥坯拉制成型。相比于泥条盘筑法，轮制的陶器器型规整，器壁更薄。仰韶时代已产生陶轮，主要用作修正器型或绘彩，称之为慢轮。而龙山时期的陶轮速度要快很多。

龙山文化的蛋壳黑陶原料选择非常严格，选用的黏土经过多次淘洗，反复揉炼，花费的时间至少是普通陶器的三倍以上，才能使陶坯有很好的可塑性。高柄蛋壳陶杯器型太高，一般分成三段拉坯，稍干后再用泥浆粘接。使用快轮拉坯后器壁还是较厚，要在陶轮上用刮刀反复旋薄。有些陶杯的腹部还要作镂空处理，这时要非常小心，很容易碰碎导致前功尽弃。在镂空后的腹部放置一颗陶丸后，再连接长长的颈部和陶杯口部，这件蛋壳陶杯的陶坯才算完成。

接下来的烧制过程也是一个考验，由于坯体太薄太轻，不能直接放在窑内。点火后窑内空气对流，会使陶杯相互碰撞破碎。每一件陶杯都会放在夹砂陶做的匣钵内，以保证陶杯的安全。为了使陶杯颜色黑亮，要选用芦苇等特殊燃料，烧成后，还要趁热打磨陶杯，才能使陶杯表面有漂亮的光泽。

一件蛋壳陶杯的制作要如此繁琐复杂，成功率又如此之低，这更显现出蛋壳陶拥有者至高无上的权力和地位。

红山玉龙

寻龙玦

红山玉龙

馆藏：翁牛特旗博物馆
出土：内蒙古自治区翁牛特旗三星他拉村
年代：新石器时代红山文化

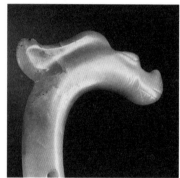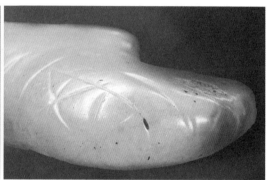

这是在内蒙古翁牛特旗发现的神秘玉器。雕刻的动物，鼻头上翘，眼睛微凸，颚下有网格状的纹理，颈背上似有鬣毛，有飞腾的动感，造型简素，玉质温润光洁。5000年前的风早已止息，而它还保留着在风中的姿态。

之前在同属翁牛特旗的三星他拉村也发现过一件相似的青玉器。那件玉器被认为与中国传说中的龙有许多契合之处，因而获得了"中华第一龙"的称誉。

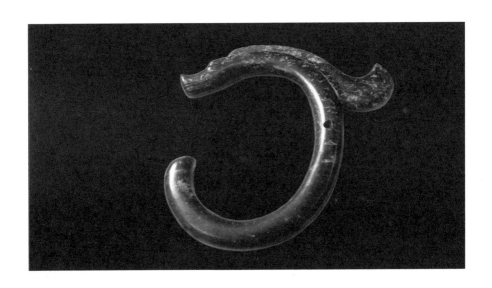

两件玉龙都出现在内蒙古的赤峰附近，这里是辽河流域一个古聚落遗址，5000 年前的人类创造了红山文化。那是自然和人类彼此直面的时代，生命和心灵以及全无杂念的想象，在双手中表达和传递。

红山文化出土了大量的玉器，古朴、稚拙、简约、厚重。玉猪龙是其中最为常见的神秘形象，在红山文化中已是一个成熟而重要的标志。

黄玉鸮

玉勾云形配

玉鸟形玦

龙形玉玦

猪龙文化陶片摆放

龙虎贝壳陪葬

其实，比红山更早的兴隆洼文化遗址已发现有猪龙崇拜的陶片摆放造型，仰韶文化中也有龙虎贝壳陪葬坑。地理空间相距遥遥的文明，竟具有相同的感应和灵犀。龙被描绘为几种动物复合而成的神兽，海阔天空中仿佛万物同源。这样的形态也与中华多民族大融合相呼应。

凌家滩文化
距今约 5300 年

红山文化
距今约 5300 年

西周
距今约 3000 年

兴隆洼文化
距今约 8000 年

商代
距今约 3500 年

红山文化
距今约 5300 年

战国
距今约 2600 年

元代初期
距今约 700 年

清代
距今约 200 年

唐代
距今约 1200 年

西汉
距今约 2100 年

宋代
距今约 900 年

明代初期
距今约 600 年

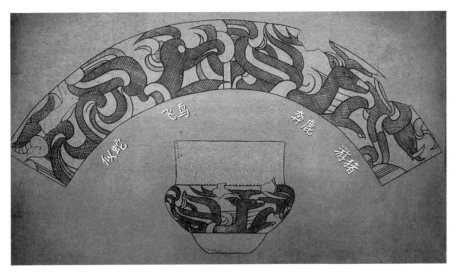

似蛇　飞鸟　奔鹿　游猪

小山遗址出土陶器展开图

　　龙是中华民族的象征，我们是龙的传人。我们生活的方方面面组成了龙的鳞片，舞动出中华文明的姿态。龙，成为中国传统文化中独特的标志性符号。

　　龙究竟是如何形成的呢？我们把玉龙在不同时代的形象演变串联起来，试图追寻它的足迹。从距今约200年的清代，回溯明、元、宋、唐以及西汉、战国、西周、商代，历经凌家滩文化、红山文化，直到距今约8000年的兴隆洼文化，玉龙形象的演变，体现了历代审美风尚的继承和延续。龙的形象回归到蜷体的玦，这个仿佛婴儿蜷曲在母体内的形象，成为几乎最古老的器物雏形。这是个体生命被孕育的开始，也是文明被孕育的开始。

　　有时，我们会对着光源去看玉。就像5000年前的先民一样，看它的清澈和透明，看它挺直的脊梁在空中跃起。这块玉，成为我们身体延伸到空中的部分，在时光中飞翔、起舞。

牛河梁积石冢

红山文化

红山文化是分布在中国东北地区的新石器时代文化，地域包括内蒙古东南部、辽宁西部等地。红山文化的埋葬方式与中原地区有很大的不同，中原地区的墓葬是在地面上挖掘很深的洞穴，埋葬墓主人、陪葬器物等，之后地面用土填平，或堆起高高的封土堆。而红山文化的墓葬是在地面上或浅坑内用石板砌成大型石棺，墓主人的随葬品主要为大量珍贵的玉器。这些形状各异的玉器成为红山文化的典型特点。墓葬上不是用土来掩埋，而是用石块覆盖，并堆成长方形或圆形的石冢，称之为"积石冢"。除了积石冢正中规模宏大的主墓外，旁边还有一些成行排列的小型墓葬，随葬品的玉器比主墓要少得多。

积石冢出土玉箍形器

在有些积石冢的边缘石墙内，会埋葬一排带有彩绘的红陶筒形器，这种筒形器没有器底，所以并没有实用功能，而在陶器的表面又精心描绘纹饰。也许筒形器这种中空的造型可以沟通天地，成批地埋在石冢的周围，可以帮助墓主人的灵魂升天或者有其他祭祀功能。

墓葬中的陪葬玉器也有这种无底的器型。这种玉箍形器在红山文化中很常见，它上口倾斜，下底平直，在近底的地方有两个对称的穿孔，推测是用来穿绳绑在头上或装饰在其他地方。制作这种玉箍形器需要很大的一块玉料，最重要的一道工序是将玉料中心掏空，这道工序既繁琐，又浪费原料。而对于它的功能，我们却一无所知。红山文化的墓葬中出土大量玉器，它们造型独特，除了箍形器外，大多都是在片状玉器上雕刻图案。其中有些能看出雕刻的形象，而其他一些还不能确切知道它们的原形和名称，这些玉器被推测为一种祭祀用品。

勾云形玉器

牛河梁玉凤

龙

原始部落对于本部落起源都有不同的传说，大部分传说都认为自己的祖先源自于某种动物或植物，于是人们就认定这些动物为自己的祖先或者保护神，产生崇拜之情，这就是图腾的产生。《诗经·商颂·玄鸟》记载："天命玄鸟，降而生商。"殷商的先祖被认为是一名女子吞下玄鸟的卵而降生的，玄鸟便成了商朝的图腾，被大量装饰在青铜器、玉器等礼器之上。

华夏民族的始祖伏羲，传说是由他的母亲在野外踩了巨人的脚印后怀孕而生。伏羲作为部落的首领，能征善战又富有创造力。在团结统一了华夏各民族后，伏羲受到了各个部落的爱戴，被认为是"三皇五帝"之首。许多重要的发明也被认为源于伏羲，比如伏羲根据天地万物的变化，发明了八卦；伏羲教会了人们结绳作网、捕鱼打猎的技能；伏羲发明的乐器，给人们带来了音乐。伏羲选择了华夏各个部落图腾的一部分组合在一起，蟒蛇的身、鳄鱼的头、雄鹿的角、鲤鱼的鳞、苍鹰的爪，创造了中华民族的图腾——龙。龙变成了华夏族共同的祖先。

从考古发掘来看，中国各地的新石器时代遗址都发现有龙的形象，这些遗址地域相隔甚远，时间也相差百年之久，这也许印证了伏羲创造龙图腾的传说。早期龙的形象并没有固定，有的没有角，有的没有爪，但都保留着长长的身体和大张着嘴的头，这成为龙的基本形态。山西襄汾陶寺遗址属于新石器时代末期的遗址，出土有彩绘龙纹陶盆，陶盘中间盘踞有一条红色的龙，龙为蛇身带有鳞片，长满牙齿的大口微张，突出长长的舌头。这些龙纹陶盆只出土于少数几座大墓中，且每座墓只有一件，表明它不是一般平民可以拥有的，是很高规格的陪葬品。

夏商以后，龙从原始部落的图腾演变为神。神龙可以居住在海里，也可以腾云驾雾升入空中。在湖南长沙战国时期的墓葬中，出土了一张《人物御龙帛画》，画面正中是一位着长袍的男子，腰上悬挂着宝剑，手执缰绳，驾驭着一条巨龙。龙首高昂，

战国《人物御龙帛画》

襄汾陶寺龙盘

尾巴卷曲，尾上停着一只长腿的鸟，龙腹部下还有一条鱼。男子的头上有为他遮风挡雨的华盖，华盖下二条飘带、男子身上的衣着都随风向后飘荡，在静态的画面中展现出龙飞腾的速度感。画中的人物即是墓主人，他的肉体死后灵魂并没有消失，可以飞翔的龙载着他的灵魂升上了天。

秦汉以后，帝王将龙确定为自己的化身，龙从此成为皇室的专利，其他人不得随意使用。皇帝的所有一切事物都与龙有关，他自称为"真龙天子"，所居住的地方为"龙庭"，宝座称之为"龙椅"，穿着的是"龙袍"，从此龙的地位更加显赫。而此时龙的形象也基本固定。《易经》中乾卦第五爻的爻辞为："九五，飞龙在天，利见大人。"这是指此时龙已经飞在天上，万物都来敬仰这位君主大人，是吉祥之兆。因此我们看到的龙纹多数都是在天上的飞龙，它腾云驾雾，俯视着代表"江山社稷"的海水江涯。

故宫丹陛石上的飞龙与海水江涯

清代 龙袍

凌家滩玉版玉龟

玉中谜藏

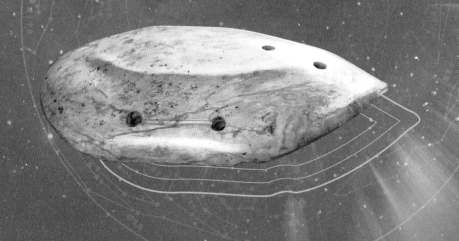

凌家滩玉版玉龟

馆藏：故宫博物院

出土：安徽省含山县凌家滩遗址

年代：新石器时代凌家滩文化

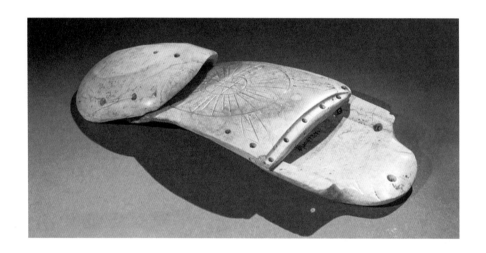

有人说它和星象学有关，有人说这是数字起源的数字卦，也有人说它和历法相关，还有人说这是传说中的洛书。种种猜测都指向人类史前文明最尖端的科技与文化。鲜为人知的安徽凌家滩遗址，深藏着令人惊奇的发现。

出土时，这片精美的玉版夹在玉龟壳中间，应为一套组合。玉龟分背甲和腹甲两部分，上面钻有数个左右对应的圆孔。玉版中部琢有小圆圈，并以

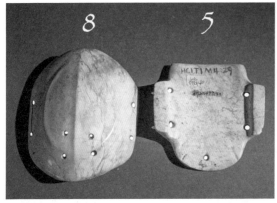

钻孔龟背数八，龟腹数五

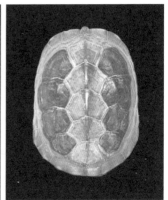

真实乌龟背甲

凌家滩文化玉人

直线箭头，准确分割为八等份，大圆外又有四个箭头，指向玉版的四角。

　　玉龟和玉版表面上给我们呈现出来的似乎就是最简单的数字和方位，而真正深入了解它时，才知道这是一个复杂的数位及宇宙系统之谜。两片玉龟

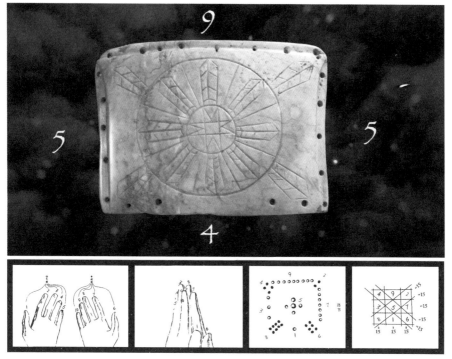

洛书

甲上均有钻孔，龟背数八，龟腹数五。如果上下叠加，中间是五，两侧各是四，与真实乌龟背甲数是一致的。玉版上八个方向表示方位，左右各五个钻孔。

凌家滩还出土了六个小玉人，分别出土于两座墓中。所有玉人都伸开五指，放在胸前，似乎也在表达着什么。

人生双手，每只手都具五数，所以中国文化包括五行学说在内，很多采用五进制。通过对十以内的数字有机地重新排列组合，会产生有趣的数字现象。变化方法就是把一二三四五放于上左，把六七八九十放于下右，这就是洛书。

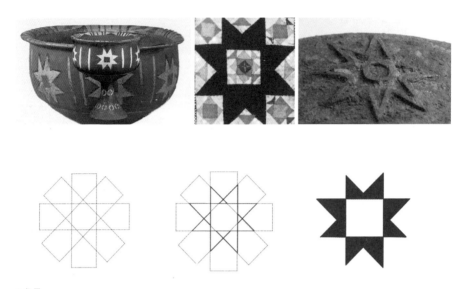

八角星

洛就是"脉络",是世界有序运转的规律。这是一个极度平衡的状态,里面所有的数字直线与斜线相加之和都是相同的。玉版上面钻有九孔,下面四孔也合于此数。所以,有人认为它是洛书的源头,还有人认为玉版开创了中国的数字卦,也就是抽象数字的基础。

玉版中心的八角星符号也是个古老而有趣的谜团。直到现在,我国还有多个民族有这样的符号,这种符号甚至遍布于全世界的多种文化之中。这些图形符号就如同暗藏的自然规律的密码,却逐渐被我们忽略遗忘。

八角星纹还出现在凌家滩玉鹰上。当然,凌家滩的神奇还不止于此,它还为我们打开了一个玉的世界,璧、璜、钺、锛、环、镯、玦、管珠等,已具备成套玉礼器规模。

凌家滩出土玉器　　　　　　　　　　玉鹰

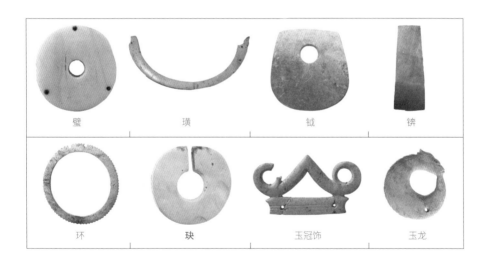

璧　　　　　璜　　　　　钺　　　　　锛

环　　　　　玦　　　　　玉冠饰　　　　玉龙

　　凌家滩所涵盖的文化符号范围之广、渊源之深，世所罕见。这是人类文化的一个高峰，却也是一个被低估了的史前文明。凌家滩遗址勘测出的总面积约 160 万平方米，历经前后五次发掘也仅占遗址总面积的八百分之一。也许不久的将来，我们还有可能被新的发现再次震惊。

大汶口墓葬出土龟甲形器

舞阳贾湖龟甲器

龟灵信仰

在人们的认知里，龟的寿命实在是太长了。《庄子·逍遥游》就写道："楚之南有冥灵者，以五百岁为春，五百岁为秋。"这里的"冥灵"多数学者都认为是指神龟，《逍遥游》中的神龟五百年如同才过了一个季节一般，可见其寿命之长。龟活千岁，尽知世间之事，所以神龟也被赋予通灵的能力。

龟的背甲是向上隆起的圆形，如同天，它的腹甲是平坦的方形，如同地，而乌龟的脚象征着支撑天的四根柱子，一只龟象征着缩小的天地。凌家滩这件玉龟甲造型严格模仿真龟甲，腹甲一边外突，一边平齐。对比自然界的龟甲造型，凌家滩玉龟的腹甲尾部缺少了一部分，而这并不是因为制作者的疏忽。

龟灵信仰在中国东部、北部地区有广泛而悠久的传统，其源头可能来自于淮河流域。7800 至 9000 年前的舞阳贾湖遗址，不仅出土有骨笛，还出土有龟甲器，用成套的背甲、腹甲扣合而成，其内放置有小石子，晃动时可以发出有节奏的声响。起初，学术界认为这是一种发出声响的乐器。现在，越来越多的资料表明，它可能是巫师举行法事时所持的法器，或是占卜用具。

凌家滩 07M23 墓葬全景图

凌家滩 07M23 墓葬中的玉龟玉签

　　1000 年以后，这种龟甲器在中国东部地区更为流行。山东南部、江苏北部的大汶口墓葬中，发现了大量龟甲器。它们保留了淮河流域背甲、腹甲成套，其内放置小石子的传统，新出现了龟甲钻孔、腹甲修整、在龟甲上涂朱砂等样式。其内除放置石子外，也出现了骨针或骨锥。龟甲钻孔也颇有规律，一般是在龟背甲头部一端钻 4~6 个对称排列的孔，在腹甲头部一端钻一孔，将腹甲的尾端切去一截。这些特征与凌家滩出土的玉龟极为相似。凌家滩玉龟形器从钻孔、修整龟甲、出土位置、功能等方面均与大汶口文化龟甲器有共性，时代更晚的凌家滩文化中用玉器仿制了早期大汶口文化中的龟甲器。

红山文化玉龟

　　2007 年，在对凌家滩遗址进行第五次发掘时，发现了一座陪葬众多玉器的大墓。在墓主腰部正中放置一件玉龟和两件扁圆筒器，玉龟背甲、腹甲处钻有圆孔，其余两件在圆面的平口面上对钻三个小圆孔。三件器物的腹腔内各放置 1~2 件玉签，玉签呈圭形并饰一对钻圆孔。三件器物中，玉龟还采用背甲腹甲分体式，而旁边的两件器物已将背甲、腹甲变为一体，龟的特征已消失。从这一组占卜器物可以看出，凌家滩文化的玉龟造型有从具象变为抽象的演变过程，但其核心特征并没有改变。

　　在东北地区的红山文化，也出现了龟灵信仰。红山文化中，除一件玉龟壳外，其他都是写实性造型，头和四足伸出壳外，但身体比较扁，有的学者认为是玉鳖。红山文化中的玉龟不见穿孔，也不能和石子、骨针、玉版、土签等物组合使用，不具备摇卦占卜的能力，更多地体现出萨满巫术中协助巫觋沟通天地鬼神的特征。

　　到了夏商时期，这种广泛存在于南方和东方的灵龟信仰被接受和传承下来。商王朝多次迁都，也许就是在迁徙过程中，不断吸收和借鉴周边民族的占卜技术和灵龟信仰。商代晚期定都殷城，这里保留了数量众多的占卜龟甲，这些神龟应该是各地献给

汉玄武画像砖

商王朝的贡品，龟甲也逐渐取代了商代早期使用的牛羊肩胛骨、鹿骨等，成为最为主要的占卜用具。

龙为鳞虫之长，凤为百鸟之王，虎为百兽之长，龟为介虫（水族和带甲壳的动物）之王。商代时，人们将这四种神兽与四方、四色、天空中的二十八星宿融为一体，创造了"四灵"系统，汉代民间颇为流行，包括"青龙、白虎、朱雀、玄武"。其中的玄武是由龟和蛇组成的灵兽。"玄"为黑色，五行属水，方位为北方。神兽身有鳞甲，故称为"武"。玄武也具备了神龟长寿和通灵的特征，成为长生不老的象征。到宋代，玄武被皇室所推崇，逐渐人格化，还被道教尊奉为"玄武大帝"或"玄天上帝"。宋代第一位皇帝赵匡胤登基以后，将自己的父亲、祖父、曾祖、高祖都追封为皇帝，又将生活在秦代的赵玄朗认作自己的先祖，追封为宋圣祖。而赵玄朗就是民间信仰中的财神赵公明。为了避讳圣祖名讳，"玄武"改称为"真武"，"玄武大帝"也改称"真武大帝"。道教中的真武大帝披散着头发，金锁甲胄，脚下踩着五色灵龟，按剑而立，身边侍立着龟蛇二将。这些特征都能看出是从玄武的形象演变而来。

清代 斗彩龙马负书图盘

河图洛书

中国上古有"河图洛书"的传说：远古时，黄河中浮现一匹长有龙鳞的神马，它凌波踏水，如履平地，背负河图，献给伏羲，伏羲依此而演化成周易八卦。洛河中有一只神龟，背驮洛书，献于大禹，大禹依此治水成功，遂将天下划为九州。《易·系辞上》记载："河出图，洛出书，圣人则之。"在最初的记载中，河图洛书并不是一本成型的图书，而是指龙马和神龟身上的毛色和花纹。传说中伏羲发现龙马背上有不同颜色毛发形成的圆点，很有规律。伏羲将这些圆点的数量和位置记录下来，认为这是上苍

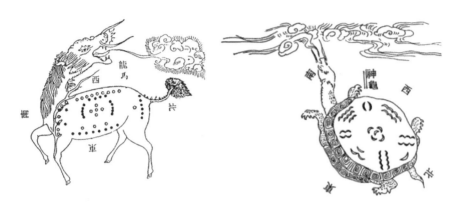

传说中的"河图洛书"

对他的点化和暗示。而洛书则是指洛水中神龟龟甲上的花纹，它同样给了大禹启示。到了清代，人们则认为龙马和神龟所驮的，是真正的图书。

先秦两汉文献中只记载了"河图洛书"的故事，但是它具体是什么样子，文献中都没有明言。目前我们看到的图式，是宋代初年的道家学者陈抟流传下来的。河图洛书都是由排列成数阵的黑点和白点组成。黑点代表偶数，白点代表奇数。河图为十个数字的排列组合，洛书则为九个。宋代时，人们还对采用"图十书九"还是"图九书十"有过争论，最终确定为"图十书九"，并一直延续至今。

有一个口诀来描述"河图"的样式："一六共宗，为水居北；二七同道，为火居南；三八为朋，为木居东；四九为友，为金居西；五十同途，为土居中。"

"洛书"的口诀位为："戴九履一，左三右七，二四为肩，六八为足，以五居中。"将图式比喻为一个人，用头、足、四肢的位置来标注数字。洛书中，纵、横、斜三条线上的三个数字，其和皆为15，颇为神奇。

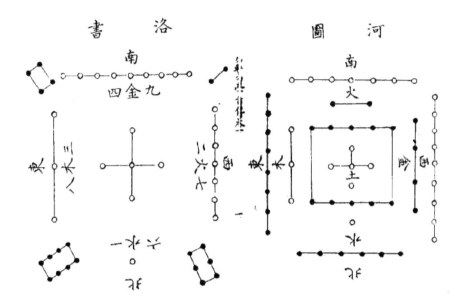

河图洛书图式

安徽阜阳西汉汝阴侯墓出土的"太乙九宫占盘"，方形的占盘中央是一块圆形板，绘出圆心，从圆心射出八条直线，线头分别写有"一君、八、三相、四、九百姓、二、七将、六"等铭识。盘的边缘还有几段文字，写有"立冬、冬至、立春、春分、立夏、夏至、立秋、秋分"这几个节气特点及占卜结果，是古代占星家视天象变化以预言吉凶的"占候盘"。而小圆盘中的数字图式与洛书完全相符，说明术书中的洛书绝非臆造。2014 年，"河图洛书"的传说正式入选"国家级非物质文化遗产名录"，成为中华民族的共同记忆。

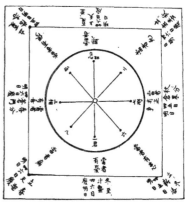

太乙九宫占盘 太乙九宫占盘

　　凌家滩的玉版上中间有双圆，圆心是八角星纹，两圆之间是八个向外的圭状纹饰，大圆之外是四个圭状纹饰。它的排列与汝阴侯墓出土的占盘非常类似，结合占盘，圭状纹饰也许代表着四维八方，其四周的钻孔可能正是洛书的雏形。这块夹在玉龟中出土的玉版，是凌家滩人对天地自然的理解和崇拜，却也和"洛水神龟负书"这看似荒诞不经的神话传说印证起来。

良渚玉琮王

神之徽章

良渚玉琮王

馆藏：浙江省博物馆
出土：浙江省杭州市余杭区反山 12 号墓
年代：新石器时代良渚文化

谁能读懂这双眼睛？它仿佛从人类古老而幽暗的意识深处穿越而来，无声地诉说着先民的爱、恐惧与信仰。

距今 5000 年左右，中国太湖流域的良渚地区，一度创造出高度发达的文化：古城、墓葬、祭坛、村落、军事、水利设施、玉器作坊……

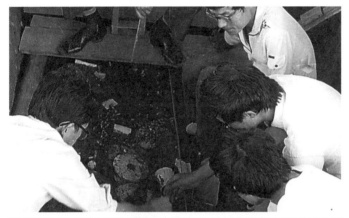

反山遗址发掘现场及室内整理

良渚文化玉器大量装饰兽面纹

从 1936 年开始，持续 80 多年的考古发掘，其中最重大的发现，就是刻有这双神秘眼睛的器物——玉琮。

这尊玉琮重 6.5 千克，高 8.9 厘米，上射径达 17.6 厘米，因其体积、重量及纹饰均为现存玉琮之最，因此被称为"玉琮王"。

它是 1986 年发掘反山大墓时被发现的，考古学家们当即断定它上面刻画的是一种类似饕餮的兽面纹饰，由于此前类似的纹饰已有大量出土，所以当时并没有引起太多的关注。

神人兽面纹线图

野外工作结束后，人们冲洗文物照片，却有了意外的发现。

这双眼睛的两侧，纤细得几乎被人忽略的纹饰，原来是一双手，人类的手。仔细再看，手掌连接着有些不合比例的胳膊，顺势而上，这手臂主人的面孔赫然浮现。

考古学家们此刻才意识到，这并非以往常见的饕餮兽面纹，而是极为罕见的造型完整的神人兽面像。

其中，神人的姿态尤其令人迷惑：双臂上耸曲肘，五指张开，一副缩头前倾的模样。它是驾驭神兽的天神，还是神兽化身的人形？兽与人，究竟是不同的神，还是同一个神的不同面相？……

相似的图像在良渚大墓出土的玉器中，陆续被发现。人们推测，这一图像，莫非就是良渚文化的神徽？

玉，在中国文化中具有特殊的地位。甲骨文和金文显示了中国自古就有"以玉事神"的传统。良渚出土玉器的种类超过40种，而完整的神人兽面图像目前仅仅出现在贵族大墓出土的几件玉器上。这是否意味着墓的主人就是良渚古国的祭司？而雕刻有完整精美的神人兽面图像的玉琮，是否就是良渚人与天神沟通的圣物？神人的头上是一顶介字型的羽冠，布满放射状的线条，这一符号也曾出现在7000年前的河姆渡文化遗物中，这是否意味着两者之间存在着某种关联？

良渚神徽的符号意象，在其他新石器时代的文化遗存中也曾出现过。中国这片广袤的大地上，不同地域文化间，究竟发生过怎样的互动与流转？

这双眼睛穿越5000年注视着我们，引领我们一步步走向历史的深处。

神人兽面纹——权力与信仰

位于钱塘江流域和太湖流域的良渚文化，为我们展现了新石器时代的江南富庶生活。与同样距今 5000 年的其他新石器时代文化相比，良渚人同时拥有着高度发达的物质文明和精神文明。

无论是诺亚方舟还是大禹治水，在史前时期，世界各地的神话中都有关于大洪水的传

良渚文化出土的炭化稻谷

说。同样，在这河流纵横、湖泊密布的土地上生活的良渚人，很容易受到洪水的侵袭。通过近年来的考古调查和发掘，在良渚古城的西北部发现了大范围的水利系统，目前已发现 11 条水坝。良渚人发明了用稻草包裹泥土的形式来堆筑水坝，可以保护良渚古城免受洪水灾害，也有储水灌溉的作用。而这一水利工程即是在良渚文化中期为守护良渚古城而规划建造的，它的建造年代比 4000 年前传说中的大禹治水还要久远。这是城市营造和规划史的一个壮举，不仅需要大量的人力物力，也需要高度集中的王权来统治和指挥。

2010~2012 年的发掘中，考古工作者在良渚古城宫殿区内发现了一个巨大粮仓，里面的稻谷因为一场大火烧至炭化才得以保存至今，经过分析，这座粮仓共储存约 1.3 万千克稻谷。良渚文化已经产生明确的社会分工，居住在城外的良渚人种植水稻，通过类似赋税的制度，大量粮食被运到城内的仓库储存。发达的农业不仅供养着王室贵

族，还使城内的一部分居民脱离农业生产，专心制作手工艺品。良渚文化墓葬中出土众多精美的玉石器、陶器、漆器，便是这种社会分工的结果。

"仓廪实而知礼节，衣食足而知荣辱。"良渚人不再担心温饱问题之后，在精神领域也形成统一，他们通过祭祀同一神灵达到精神领域的高度认同。良渚人的祭坛一般营造在山丘顶端，中间为红色土堆成的规整土台，其外是灰色土填筑的土框，最外是石头围成的台面。这座祭坛由多色土构成，衬托了祭祀场所的神秘色彩，开创了后世多色土祭坛建筑的先风。祭坛的角度是经过精心测量的，东南角指示的是冬至日的日出方向，西南角指示冬至日的日落方向，东北角指示夏至日的日出方向，西北角指示夏至日的日落方向。这种对太阳的崇拜体现了良渚人对自然的敬畏。在祭坛上还发现一些良渚文化的贵族大墓，这些墓葬中出土了大量精美的玉器，经过千年的

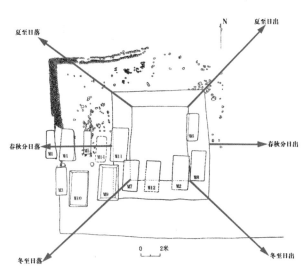

良渚文化祭坛

良渚文化出土的嵌玉漆器

时间，这些青绿色的玉器大多都钙化，变成了现在的鸡骨白色。良渚墓葬中玉器数量十分丰富，王这一级别的大墓通常出土四五百件陪葬品，其中绝大多数为各式玉器，而良渚文化中第二、第三等级的墓葬，随葬品只有 30 余件甚至更少，玉器仅有几件玉管。权力体现在对稀缺资源的拥有和利用上。玉石这种自然馈赠的珍贵资源，被切割成型、雕刻神徽、琢磨成高等级的礼器，成为权力的象征。

鸡骨白色的玉器

琮是良渚文化中最具代表性的玉器，也是良渚文化"原创"的器型。玉琮有一定的厚度和体量，所以制作琮所需的玉料要远远大于玉璧、玉钺等器型，同时制作玉琮的工艺也最为复杂，所以随葬有玉琮的墓葬规格都比较高。

这件琮俗称为"玉琮王"，它在考古学上的名称是"反山 M12:98"。其中"反山"是指 1986 年它出土于良渚古城内西北部的反山遗址，M 是"墓葬"的拼音首字母，在第 12 座王陵形制的墓葬中，出土了 600 余件随葬品，其中编号第 98 件的器物就是这件玉琮。

反山 M12:98 是一件典型的玉琮，它两端截面呈圆形，似乎和玉璧关系密切。圆

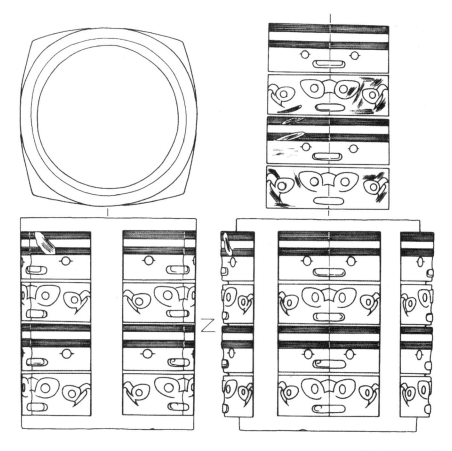

简化后的神人兽面纹

形截面的直径被称为射径，反山 M12:98 上射径为 17.6 厘米，下射径要略小一些，所以典型玉琮并不是上下等大，而是呈上大下小的形状。它内部呈圆形，加之其外的方形琮身，很容易让人联想到中国古代"天圆地方"的宇宙观念。只是在良渚文化时期，并没有文字能向我们阐述玉琮的起源和用处，我们只能从 2000 年后的文献中来寻找蛛丝马迹。《周礼》中记载："以玉作六器，礼天地四方。以苍璧礼天，以黄琮礼地，以青圭礼东方，以赤璋礼南方，以白琥礼西方，以玄璜礼北方。"上大下小、天圆地方，加之祭天的功能，玉琮似乎就是这种天地宇宙观的微缩体现。

良渚文化出土的玉琮多达 170 余件，而只有反山 M12:98 被称为"玉琮王"，它名副其实。这是一块巨大的玉器原料，经过钻孔雕刻后，成品还重达 6.5 千克。不仅因为它体量巨大，玉琮王的重要之处在于在它身上首次发现了四组八幅完整的神人兽面纹饰。

良渚文化目前已出土成千上万件玉器，但上面的图形题材却出人意料的少。在有限的几种题材中，神人兽面纹显得格外引人注目，它贯穿了良渚文化的始终。玉琮王四个转角处装饰的纹饰在良渚文化中很常见，上面为两个小圆眼睛加横长的嘴，下面为刻画多重纹饰的大眼睛，连接鼻子和嘴巴，这两个纹饰一直被认为是兽面纹。直到完整的神人兽面纹出现后，才知道神人的眼睛和"小眼面纹"完全一致，眼睛左右两侧

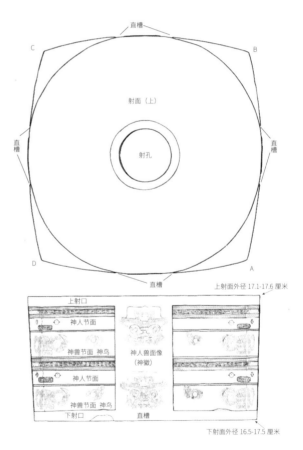

"玉琮王"反山 M12：98 线描图

都有横向细长的眼角。原来"大眼面纹"才是神兽纹，其上的"小眼面纹"是神人纹饰的简化。完整的神人兽面纹为我们揭示了良渚文明的秘密。

玉琮王上的神人兽面纹图像高约3厘米、宽约4厘米，在这不大的空间内，良渚人极尽所能。他们用线条刻画出头戴羽冠，身穿战袍的神人形象，神人耸着双肩，平臂弯肘，骑坐在一只两眼圆睁、獠牙外露的猛兽之上。神人和神兽的身体装饰有大量螺旋纹饰，这些螺旋纹并非毫无章法，而是顺时针纹饰与逆时针纹饰相搭配。在没有金属工具的情况下，1毫米的范围内竟然雕刻出5条不重叠的线条，展现出良渚人技艺的高超和对信仰的虔诚。这是良渚神徽的"标准像"，它的简化或变体无处不在，是良渚文明精神的表达。

无论是纤细线条刻画的具象神人兽面纹，还是只保留了小眼睛加大眼睛的抽象图案，良渚玉琮上再没有出现过其他纹饰。神人兽面纹与玉琮的关系，就如同良渚文化中紧密结合的神权和王权，相伴出现，贯穿始终。

镶嵌绿松石铜牌饰

金玉共振

镶嵌绿松石铜牌饰

馆藏：洛阳博物馆
出土：河南省洛阳市偃师二里头遗址
年代：二里头文化

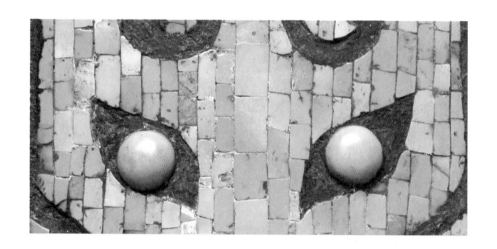

　　上挑的眼眶里，一双浑圆的眼睛，透过3500年的时光与你对视。它是谁？是龙，是虎？是牛，是鹿？是鸮，是熊？它似乎也在持续向我们提问：你是谁？

　　略微拱起的弧形铜胎上，300多片绿松石，历经3000多年，纹丝不动，光洁依旧。它们的大小只有几毫米，厚度一到二毫米。这高超技艺，在它的

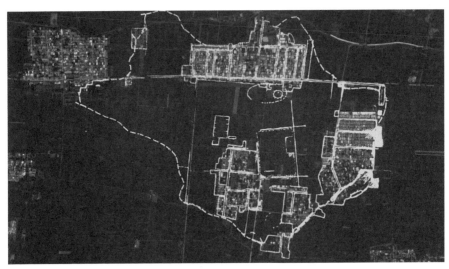

夏王朝都城

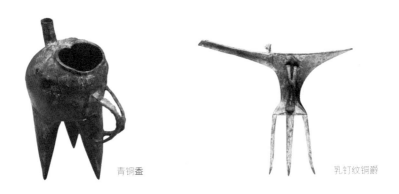

青铜盉　　　　　　　　乳钉纹铜爵

年代独占鳌头。它比东亚大陆的文字更早 500 年出现，我们和它的交流，没有有声有形的语言。

　　二里头的庄稼地下，埋着一座城。城市的中心有可容纳万人的朝堂建筑。人们说，这里就是史籍中的夏王朝的都城。都城中设置了规模宏大的铸铜工场。

铃铛

二里头龙脸局部

二里头绿松石堆塑龙

　　在更广阔的时空里，西亚和中亚更早具备铸铜技术，而后在中国的西北，中原的龙山文化，相继出现铜器，然而都是小型物件。到二里头时代，铜开始用来铸造较大的器物，这在世界其他区域的青铜文化中都没有出现过。200件二里头青铜器中，这件乳钉纹铜爵是东亚最早具有纹饰的酒礼器。流口，把手，三足，早年用陶土烧制的样子，在这里被用全新的材质青铜熔铸出来。人工合成金属技术的掌握，促使二里头文化跃升为时代的黑马。在烈火中范铸的贵金属——青铜，镶嵌本土崇尚的玉石——绿松石，金玉共振的局面，开启了东亚的青铜时代。

　　它的绿松石片，契合设计蓝图的造型，打磨成山字形、钩形、梯形、长方形、圆形，拼接出奇异的造型，依稀能辨识出触角、鼻子、眼睛。2000多片绿松石，比拟龙的鳞片，拼合成这条70厘米长的龙的形状。两只梭形的眼眶内，凸起白玉眼睛，眉目连接天地。它们出现在墓主人的身上，旁边总有一组铜铃和玉铃舌，好像在举行一种约定的仪式。

上古神兽目光如炬，凝视它的眼睛，墓主的神思是否穿行到先祖的世界？这眼神，在甘肃天水见过，在四川三星堆见过。那是 3000 多年前中原、西北、西南的先民们，跨越千山万水相互往来的见证。它们沉默无语，它们无需言语，这双曾经见证过中国最早的王朝的眼睛，依然看着人来人往，星辰轮转。

天水市博物馆藏品

三星堆博物馆藏品

美国哈佛艺术博物馆藏品

日本美秀博物馆藏品

美国哈佛艺术博物馆藏品

保罗·辛格藏品

保罗·辛格藏品

中国社会科学研究院藏品

知识链接

夏朝

夏朝是中国史书上记载的第一个世袭制王朝。在夏朝以前，各个部族间以原始的联盟形态相联系。联盟的首领是由各部族的酋长间推选出来的德才兼备之人，老首领不能胜任后，将首领之位传给有能力的后继之人。尧、舜、禹之间的传递都是通过这种"禅让"制度。禹更是因为治理水患十三年，三过家门而不入的事迹为人称道，获得了很高的威望。而禹的儿子启首次破坏了这种制度，改为将王位在父子、兄弟之间传递的"家天下"制度。夏朝即在这时产生。

因为年代久远，史书上关于夏王朝的记载比较模糊。夏朝是否真的存在，尧、舜、禹这些贤德君主是传说中的神还是真有其人，学术界一直存在这些疑问。安阳殷墟和甲骨文的发现，证明了商朝确实存在，考古学家们又开始寻找夏朝的遗迹。经过多年

汉画像砖中大禹像

《史记·夏本纪》

来的考古发掘，发现了一些夏代的证据。位于河南偃师的二里头遗址是一座大型的城市，城市里分布着宫殿、陵寝、房屋、道路等，还有铸铜、制骨、制陶的手工作坊，其年代和地理位置与史书中记载的夏朝相符合。它被考古学家认为是夏代的城市，只是目前还没有发现带有文字的确凿证据。经过考古发掘，夏朝的统治时间约为公元前2070年至公元前1600年。

二里头铜爵

掌握冶炼铸铜技术，是当时的一项重要发明，也是人类文明进步的一个重要标志。辨认、采集铜矿石，高温加热矿石提炼出铜，按照一定比例加入其他金属，改变铜的性质，最后铸造成器物的形状，这一系列步骤包含了大量的人工和智慧。

二里头遗址中发现了铸铜作坊和青铜器。因为当时青铜的产量很低，所以容器的器壁只能做得很薄，这又增加了制作的难度。这样珍贵的原料不能轻易尝试新的造型，所以当时的青铜器多是模仿成熟的陶器器型。

乳钉纹铜爵

酒是粮食或者果物发酵而成的饮品，早在新石器时期我们的先人就已经掌握酿酒技术，出土骨笛的贾湖遗址中就发现有酿酒的痕迹。酿酒需要消耗大量的粮食，所以在夏代只有王室贵族才能享用酒并拥有酒器。爵这种酒器拥有长长的倒酒的流，后面对应的是尖状的尾用来平衡，中间是盛酒的杯，杯的一侧是手握的柄，杯身下有三个足。足将杯身高高托起，有些爵的杯底还发现有火烧过的痕迹，证明爵不仅可以饮酒，还可以用来温酒。

二里头铜爵的造型是模仿同时期的陶爵而来。而铸铜工匠们逐渐了解了青铜合金的性质，在铜中增加了一定比例的锡，使青铜器的延展性大大增加。相比于同时期的陶爵，工匠们将青铜爵的流和尾加长到夸张的地步，还不会折断。这是在展示自己铸造技术的高超，也展现了铜爵拥有者的崇高地位。

二里头陶爵

金玉共振

与我们现在看到的颜色不同，青铜器在刚烧造完成时，呈现出漂亮的金色，如同金子做的一般。所以，青铜器在商周时期被称为"金"或"吉金"。我们现在看到青铜器表面的绿色，是因为埋在地下千百年来锈蚀形成的。玉器也是被中国人广泛喜爱的宝石。将黄金和美玉组合在一起，就是中国人对珍宝的统称，对美好事物的比喻。

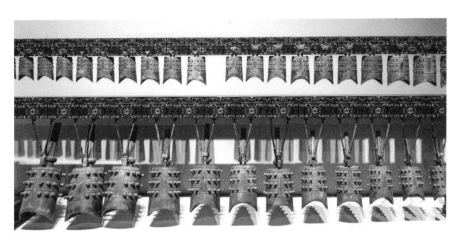

编钟

编磬

　　"金声玉振"中的金是指青铜制作的钟发出的声音，玉是指敲击石磬的声音。在大型礼仪奏乐之时，以钟声开始，以磬声结束，比喻音韵和谐，也比喻人的知识渊博。

　　"金缕玉衣"是汉代时皇帝和高级贵族的丧葬用具，将大量的玉雕刻成玉片，再用金线缀连在一起，构成包括头罩、面盖、上衣、袖、手套、裤、脚套等部分的玉衣，当时的人们认为它可以保证尸体不腐。

　　"金枝玉叶"在清代是指用翡翠、珊瑚、玛瑙等各种宝石雕刻成花瓣、叶片，再配以金银、珐琅彩、雕漆等工艺的花盆，构成永不枯萎的美丽盆景。皇帝、太后庆寿或者大婚时，大臣们多用这种玉石盆景作为进贡的礼品，是清宫里常见的摆设。"金枝玉叶"也比喻出身高贵的皇族子女。

　　2008 年北京奥运会的奖牌设计，融入了中国传统文化元素，采用了"金镶玉"样式。

2008 年北京奥运会金镶玉奖牌

金缕玉衣

金枝玉叶

殷墟嵌绿松石甲骨

刻辞骨柶

殷墟嵌绿松石甲骨

馆藏：中国社会科学院考古研究所
出土：河南省安阳市殷墟
年代：商

这是最早的"王"字，像竖放的钺。钺是一种兵器，是军事统率权的象征。王权最大依仗是军权，"王"字由此而来。

商晚期，王室为了占卜和记事契刻在龟甲或兽骨上的文字被称为甲骨文。

甲骨文中的"王"字

"王"是甲骨文中出现频率最高的字之一。这片兽骨记录了商王的一次田猎：壬午日，王在昭塞巡游，为了田猎而进入麦山之麓，捕获了一只野牛。

这是我国博物馆现存的唯一一件文字镶嵌绿松石的甲骨。田猎好比当时的军事演习，是重要的仪式。野牛体型巨大，难于捕获。为了纪念这次田猎，王将此事刻在野牛的肋骨上，并嵌入象征王权礼器的绿松石，彰显权威。

商王无事不占，无日不卜，这些龟甲上裂纹的形状，占卜着祭祀、收成、病患、生育，裂纹就是泄露的天机。专门的卜官和看守管理着这些国家档案。3000 年前的生活，被 4000 个字记录，15 万 4000 片的甲骨碎片里，我们依据目前能认出的 1500 多个字，可以回忆起商人的一天。

早上，丈"夫"起来。束发的发簪，是他可以担起家庭的证明。清水前，

壬午, 王 (狩) 于召
(塞), 延田于麥录
(麓), 隻 (獲) 兕。
亚易 (赐)……

他弯腰打扮, 照镜子, 然后出门打猎。为了"走"快些, 他双手用力上下摆动。在林子里, 男人竖起"耳"朵, 留心响动。前面是一只小"鹿"。他搭箭拉弓, "射"了出去, 收获了猎物。弯弯的"月"亮已经挂在天上。他满载而归, 妻子已备好晚饭。饭菜是用圆腹、有足有耳的炊具"鼎"烧煮的。

商人以细致的观察力和惊人的想象力, 将日常生活中的所见、所为、所感转化成字符, 刻在龟甲和兽骨上面, 其中蕴含了后代的主要造字方法。以"田"为代表的象形字, 是将物体的形态用文字的线条勾画出来。指事字则是在象形字的基础上增加提示性的符号。如"上""下", 便是以一长横为界, 短横在上为"上", 在下为"下"。会意字是由两个或两个以上的独体字组成, 如酿酒的瓦瓶"酉"和液体水合起来便是"酒"。形声字是指"祥"这类由形旁和声旁构成的文字。

甲骨文是中国目前可见最早的成熟文字。有了甲骨文, 中华文明就有了记录与传承的工具。经过演变传承, 从祖先的心里流传到我们的指尖。从此, 从个体到族群, 所有的情感、知识、思想、经验, 通过文字, 一代代流传下来, 中华文明得以塑造与传扬。此刻, 我们写出的横竖撇捺, 曾经一笔一划地刻在骨头上。

因为刻骨, 所以铭心。

夫 fū

监 jiān

走 zǒu

耳 ěr

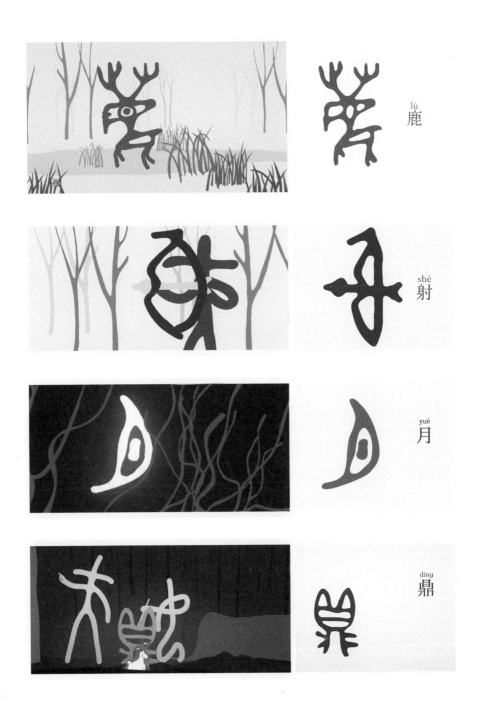

lù
鹿

shè
射

yuè
月

dǐng
鼎

甲骨文

文字的出现是一种文明形成的重要标志，人们可以用文字来交流与记录，这种交流跨越了空间，变成了书信，甚至跨越了时间，变成了历史。

在中国古代传说中，是仓颉创造了文字。仓颉不同于凡人，他拥有四只眼睛，通过观察自然界鸟兽行动留下的痕迹，创造出了文字。而当他造字成功之时，天上竟然降下了小米，如同下雨一般，世间的鬼怪都在夜晚中哭泣（仓颉作书而天雨粟，鬼夜哭。——《淮南子》）。这是因为文字在创造之初，是为了与天地鬼神沟通，因此就带有某种魔力，让人们敬畏。人们敬畏文字和它所记载的历史文化，产生了"敬惜字纸"的思想。

甲骨文的发现过程也颇为传奇，这种古老的文字竟然是在药铺之中被识得。河南安阳的农民在犁地耕种时，常挖出一些龟甲骨头，这些骨头被当作一种药材卖到药铺之中。清代末年的官员王懿荣患了病，在中药店抓药之时，他被这些骨头上的刻划符号所吸引。王懿荣自幼喜欢收藏字画古董，他敏锐地发觉到这些符号应该是一种古代文字。他一边通过药商和古董商大量收购带有文字的甲骨，一边潜心研究，确定了这是商代的文字。他的好友刘鹗也参与到研究过程中，识别出了 30 多个文字，其中 19 个字是天干地支。甲骨文的发现轰动了中外学术界，正式开启了研究甲骨文及商代历史的浪潮。

商王笃信鬼神，任何事情都希望得到鬼神的指引，所以无事不卜，从战争是否会胜利，粮食是否会丰盛，到明天是否会刮风下雨，妻子分娩是否顺利，都要占卜一番。汉字中的"卜"字，完美而形象地展现了商代占卜的全过程。占卜由专门的贞人（即巫师）掌管。先在修整打磨好的甲骨的背面凿成长条形的凹槽，如同"卜"字中的一竖，在旁边再钻出一个圆形的凹槽。钻凿的方向按甲骨中间的纹路左右对称，圆凿的位置更加靠近中心。占卜时用烧着的木棍灼烧圆槽，经过钻凿的甲骨已经很薄，高温灼烧后，就会出现裂纹，便形成了"卜"字的一点。龟甲烧裂时发出"bu"的一声，便成了"卜"字的发音。负责占卜的贞人通过观察甲骨表面裂纹的方向，来解释占卜的结果，并将占卜的内容和结果刻在甲骨的正面。这样就完成了一次占卜，刻有卜辞内容的甲骨也像档案一般被妥善保存。安阳殷墟先后出土了约 15 万片刻辞甲骨，它们是商代的图书馆和档案库。

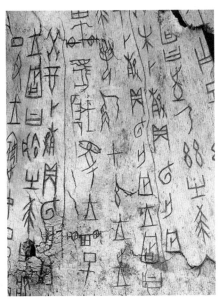

六书

　　中国在夏代前后就产生了带有文字性质的符号，它们被刻在陶器和石器上。而最早成体系的文字是甲骨文。这种刻在龟甲和兽骨上的文字并不只是原始的象形文字，它已经具备了一定的构字法则，传统文化中称之为"六书"，包括象形、指事、会意、形声、转注、假借。

　　象形是将事物的外形用线条来描绘，如同绘画一般，是最为原始的文字创作方法。象形文字不仅出现在甲骨文中，在各民族的早期文字中都有出现。如古埃及和玛雅文字中能明确地看出象形文字的原型，中国云南省的纳西族还在使用一种东巴文，其中的形象比甲骨文还要原始，属于文字起源的早期形态。

东巴文字

古埃及文字

玛雅文字

　　"指事"是在形象的绘画中加入指事符号，用来表示象形图案中较抽象的含义。如甲骨文中的"木"字形象地绘画出一棵树，在树的底部增加一横，构成"本"字，就是表示树的根，引申为事物的主体或基本；而在树的顶部增加一横，用来表示树的枝，构成"末"字，引申为事物发展的最后或者事物不重要的部分。而在"刀"锋利的部分加上一个点，就构成了"刃"字。

"会意"属于合体造字法，是将两个或多个单独的图案组合成一个新的字。如用双手将牛头上的角取下来，这个字表现的动作是将东西分开或去除某部分，就构成了"解"字。用表现嘴的"口"和鸟的象形文字，构成了表示鸟叫这个动作的"鸣"字。

形声字中，由一部分表示事物的意思或类别，即"形旁"，由另外一个部分表示这个字的读音，即"音旁"。形声造字法突破了象形、指事、会意造字的局限，创造出了很多难以用图像表现的文字。比如各种动植物的名称中都含有固定的形旁，树木含有"木"字旁、鱼类含有"鱼"字旁，"江河湖海"这四个汉字都带有水字旁。商周时期以海贝当作货币，所以与钱和财富有关的文字都含有"贝"字。并且汉字中许多读音相同的文字能表达各自不同的含义。如读音同为"zhu"，"茱"是一种植物，"蛛"代表一种昆虫，"洙"是河流的名称。现代汉语中，80%以上的字都是形声字，这与英文等拼音文字有很大的不同。

"转注"是指在使用文字时，各个地区或人群使用的表现相同含义、但字形不同的几个字，即"多个汉字表达同一含义"。"假借"是指为了表现某种含义，没有为它专门造字，而是借用一个同音字来表示，即"一个汉字表达多个含义"。

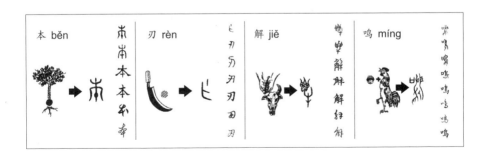

后母戊鼎

国之重器

后母戊鼎

馆藏：中国国家博物馆
出土：河南省安阳市武官村
年代：商

3000 多年前，殷商国力强盛。工匠们正在铸造一件巨大的青铜器。这项大型工程在当时堪称尖端科技，从采矿、冶炼、运输、合金，到铸造、修饰成形，过程漫长。它就是我们熟知的后母戊鼎，因鼎身的三字铭文而得名。

铸造这件重达 832.84 千克的青铜器，前后各道工序均需大量熟练工人协作配合。所需金属原料至少在一吨以上，而且必须有巨大的熔炉。学者们根

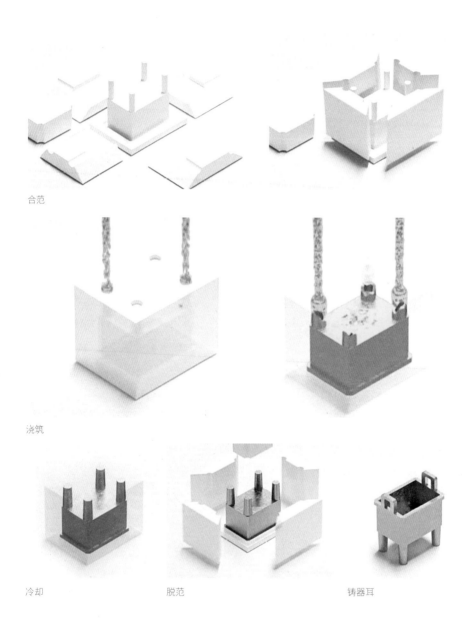

合范

浇筑

冷却　　　　　脱范　　　　　铸器耳

青铜器铸造过程

据鼎身合范后的范线，推测出制作方法的几种可能性，有的认为是分铸而成，也有的认为是地坑式浇铸鼎身，后加铸鼎耳。难度在于器身各部分的厚度不同，几种合金溶液冷却的速度也不同，所以必须做好协调，而且要快速浇铸才能完成。这个大鼎，也许经过许多次反复制作才得以成功。

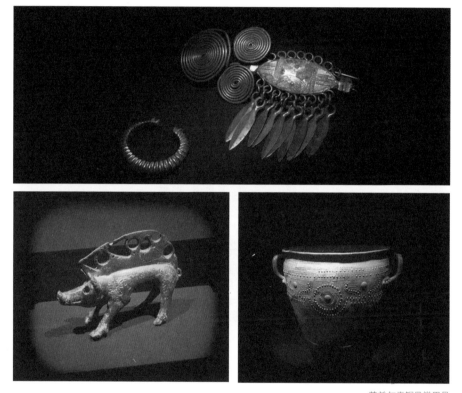

苏美尔青铜日常用具

当时的欧洲还没有进入罗马时期，苏美尔人最早进入青铜时代，他们的青铜主要用于制作日常用具。

铜爵　　　　　　　　　　　　　　三勾兵

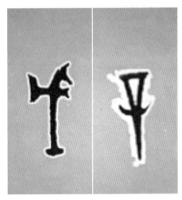

妇好墓出土的后母辛鼎　　　　　　　　　　后母戊与后母辛的铭文对比

　　殷商时，"国之大事，在祀与戎"，殷商人的青铜主要用于制作祭礼器和武器，也开启了青铜时代的中国智造。

　　关于后母戊鼎的争议从未停止，多数专家认为"戊"是商王武丁王后妇妌的号，因为武丁的另一位王后妇好墓中出土的一对"后母辛"方鼎，二者的相似度很高。甲骨卜辞中记录了许多妇妌和妇好的内容，她们管理各自的封地，也经常参与国家大事，妇好擅长军事，妇妌擅长农耕。如果说妇好掌握了至高军权，那么妇妌则掌握了至高的农耕祭祀权。

农业是国之根基，重中之重。同为商代晚期，造型奇特的大禾方鼎，鼎上的人面颇似女性，铭文"大禾"，禾是谷物的总称。不妨猜想，方鼎盛谷物以祭地，圆鼎则盛肉以祭天。古人早有天圆地方的概念，地为方为阴，象征养育万物之母。由此猜想：方鼎是为祭地而造，由身份高贵的女性主持祭祀仪式。

鼎所在之处，有了特别的动词，叫作鼎立，大地也一定感受到了那不一样的分量。"鼎"逐渐成为象征国家和权力的传国重器。"问鼎""鼎盛""一言九鼎"等等相关的词，成为庄严尊贵的指代。

鼎中的王者——后母戊，封印着商代密码与故事的国之重器，今天却无言自威，呈现着辉煌与强大。

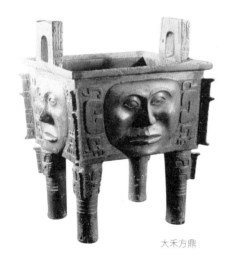

大禾方鼎

大禾铭文

商代祭祀与礼器

祭祀在商朝是一件很重要的事情。祭祀的对象有各种天地神灵，人们相信死去的祖先也会变成神灵，保佑着自己的子孙在战争中获胜，拥有更多的粮食和牲畜，永远平安昌盛。而要获得神灵和祖先的保佑，就要举行盛大的仪式，并奉上丰厚的祭品。甲骨文中的"祭"字，就是表现手拿着滴血的肉来供奉神灵的过程。在商代，祭祀的物品不仅仅是牛、羊、猪等牲畜，俘虏的战俘和地位低下的奴隶也被纳为供品，这便是"人牲"。

在建造王宫这样重大的事情上，更是要祈求鬼神保佑，避免灾祸。殷墟一座宫殿旁边发掘出多座祭祀坑，坑内被用作祭祀的人骨有百具以上。而且这座宫殿奠基时、立柱时、竣工时也有祭祀活动，所有的柱子下面都夯筑了一具尸骨，以求平安。根据发掘出的四万片甲骨刻辞来统计，商代的人牲总数大约在1.5万人左右。

盛大的祭祀仪式中，青铜礼器占有重要地位。这些礼器原先都是有实际用途的，如鼎是用来煮熟食物的锅；甗的中间有带孔的铜盘来放置食物，下层用来加热水，相当于现在的蒸锅；爵是喝酒温酒的容器。"民以食为天"，吃饭饮酒都是头等的大事。商人们相信，要得到祖先和鬼神的庇佑，就要供奉美食美酒。这些青铜器也从纹饰简单的食器和酒器变成带有精美花纹的礼器。

比如妇好墓中出土一组造型不同的酒器，而觚、爵、斝这几件器物在商代晚期已成为固定的礼器组合，出现在王室贵族

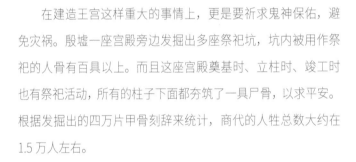

甲骨文中的"祭"字

青铜甗中祭祀用的俘虏　　　　　　　后母戊鼎耳和妇好钺上的虎食人对比

的墓葬中，表明了妇好为商代王后的身份。

　　在商代王室或者巫师掌管祭祀和占卜，他们是沟通人与神灵之间的使者，所以被蒙上神秘的色彩，同时也拥有很高的社会地位。从殷墟甲骨文中可以看出，武丁的两位王后妇好和妇妌都曾参与祭祀。后母戊鼎的器耳上装饰有虎噬人的纹饰，两只老虎侧面而立，大张其口，十分凶猛，而被两只虎衔着的人却很平静，嘴角似乎还带有一丝微笑。这个图案同样出现在妇好墓的钺上，还有阜南出土的龙虎尊上。有一种解释，认为两虎之间的这个人就是巫师，他在利用虎的神力与鬼神沟通，完成占卜和祭祀过程。

　　商朝多以酒器作为礼器，也因纵酒而亡国。商朝末代君主纣王不理朝政，建造了许多华丽的宫殿供自己取乐。他用美酒灌满水池，将肉挂满树枝，纣王和宠妃妲己就在这酒池肉林之间嬉戏游玩，日夜饮酒，最终导致商王朝的灭亡。这个故事在民间流传甚广，《封神演义》等小说也都有描述。史书中还记载了夏代最后一位君主夏桀类似的亡国故事，夏桀同样是用酒灌满水池，与美女在酒池中坐船游玩，喝醉后溺死的事情时有发生，最后导致亡国。时代久远，关于他们的记载也许有谬误，但史书中都用夏桀王与商纣王的故事警醒后世君主。西周时期的礼器从酒器改为鼎、簋等食器，盛酒的容器也称之为"铜禁"，就是对前朝亡国经验的借鉴，君主告诫自己时刻要自我约束。

天干地支

古人观察天地自然变化，创造了一系列标记顺序的符号来纪录时间，形成古代的历法，天干地支便是其中一种。天干十个，包括：甲、乙、丙、丁、戊、己、庚、辛、壬、癸，地支十二个，包括：子、丑、寅、卯、辰、巳、午、未、申、酉、戌、亥。将十个天干和十二个地支按顺序两两相互排列，组成60个单位，形成一个周期，周而复始，用来纪年、纪月、纪日、纪时。

01 甲子	02 乙丑	03 丙寅	04 丁卯	05 戊辰	06 己巳	07 庚午	08 辛未	09 壬申	10 癸酉
11 甲戌	12 乙亥	13 丙子	14 丁丑	15 戊寅	16 己卯	17 庚辰	18 辛巳	19 壬午	20 癸未
21 甲申	22 乙酉	23 丙戌	24 丁亥	25 戊子	26 己丑	27 庚寅	28 辛卯	29 壬辰	30 癸巳
31 甲午	32 乙未	33 丙申	34 丁酉	35 戊戌	36 己亥	37 庚子	38 辛丑	39 壬寅	40 癸卯
41 甲辰	42 乙巳	43 丙午	44 丁未	45 戊申	46 己酉	47 庚戌	48 辛亥	49 壬子	50 癸丑
51 甲寅	52 乙卯	53 丙辰	54 丁巳	55 戊午	56 己未	57 庚申	58 辛酉	59 壬戌	60 癸亥

天干地支以"甲子"为开始，循环往复，六十个组合后又回到"甲子"，所以六十岁的寿诞又称为"花甲"。也许是因为十二个地支不方便记忆，人们将十二种动

物与地支相配，便形成了十二生肖。湖北睡虎地和甘肃放马滩出土的秦简已经有比较完整的生肖记载，只是部分生肖对应与现在我们使用的不同，辰对应的不是龙而是虫，午对应的不是马而是鹿。西方的人们以出生日期对应的十二星座来占卜运势，中国人更愿意佩戴自己出生那年的生肖来保佑自己。

子（鼠）	丑（牛）	寅（虎）	卯（兔）
辰（龙）	巳（蛇）	午（马）	未（羊）
申（猴）	酉（鸡）	戌（狗）	亥（猪）

我们并不知道干支纪年法的具体发明时间和发明者。但在商代甲骨文上已经刻有天干地支排列的表，最早被辨识的甲骨文，也是这些天干地支。这些甲骨片没有灼烧的痕迹，证明不是用来占卜。商代时，天干地支法主要用来纪日，所以这些甲骨片可能是我们最早能看到的日历。

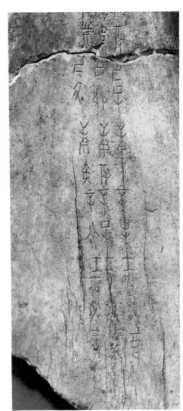

天干表

甲	乙	丙	丁	戊	己	庚	辛	壬	癸
十	∫	内	▢	午	弓	甫	辛	工	癸
	∫	内	▢	午	己	甫	辛	工	癸
			午	午		甫			

地支表

子	丑	寅	卯	辰	巳	午	未	申	酉	戌	亥
出	又	寅	卯	辰	早	8	未	乙	酉	戌	万
党	史	寅	卯	早	‡	未	乙	酉	戌	万	
	史	寅	辰	丁		未	乙	酉		丂	

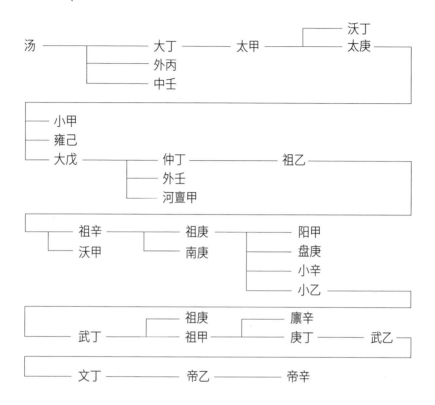

天干不仅用在历法之中，也被用在商代的历代王及王后的封号和祭名中。如商代著名的中兴之王武丁，他的王后分别被尊称为母辛（即妇好）、母戊（即妇妌），还有武丁的父亲小乙、叔父盘庚等，他们的名号在殷墟发现的甲骨或者青铜器的铭文中被发现，且都带有一个天干。

商代以干支纪日，春秋战国以地支纪月，西汉以地支来纪时（即十二时辰），并且以干支来纪年。以后的 2000 年间，人们一直用干支法计算农历，直到今天。

妇好玉凤

凤凰传奇

妇好玉凤

馆藏：中国社会科学院考古研究所
出土：河南省安阳市殷墟妇好墓
年代：商

《史记》中记载，殷契是凤的后裔，殷商是男人的天下。这件玉凤线条流畅，风韵迷人，侧身回首，转顾生姿。它属于商王武丁的王后妇好。殷墟妇好墓出土多件玉龙，而玉凤仅此一件。

妇好墓出土玉龙

也许妇好是当时最著名的女人，在安阳殷墟出土的一万余片甲骨中，提及她的就有200多次，内容包括征战、生育、疾病，甚至包括询问她去世后的状况如何。

龙形玉玦

玉鹿

铜柄玉矛

玉熊

玉象

玉牛

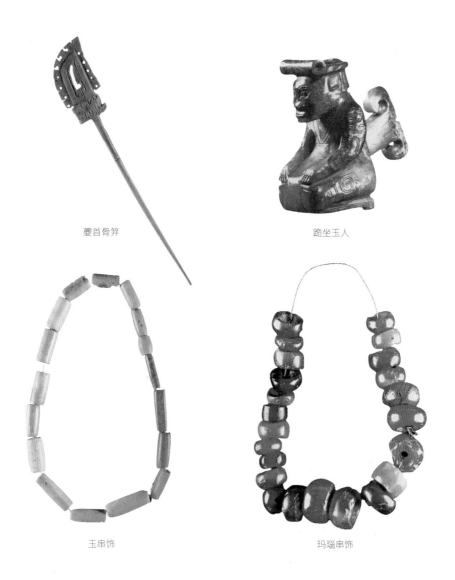

夔首骨笄

跪坐玉人

玉串饰

玛瑙串饰

　　妇好墓随葬品非常丰富，755件玉器，499件骨笄、铜镜、骨梳，还有精美的象牙杯、骨刻刀，绿松石、孔雀石、玛瑙珠等各色宝石，以及众多小巧可爱的石器。我们仿佛看见一个爱美又讲究生活品质的女性，正如玉凤般雍容华贵，仪态万方。

镶嵌松石曲内铜戈　歧冠曲内铜戈　　　　　　　　　铜镞

妇好铜圆鼎　　　　　　　　　　　　　　妇好鸟足铜鼎

妇好铜圈足觥　　　　　　　　　　　　　　　铜瓿

作为商王宠爱的妻子，拥有这些大概不足为奇。奇的是，妇好墓中还有一些历代后妃所没有的随葬品——几百件青铜武器和一系列青铜礼器。最令人瞩目的是这件象征国家军权的大钺，铭文"妇好"。

这位王后并不是身居后宫的弱女子，她是参与国家大事，在男权社会中

妇好铜钺

拥有一席之地、以实力说话的女性。妇好生前能征善战，经常主持各种大型祭祀。她拥有自己的封地，经济独立，也向商王室纳贡。

武丁是商代中期勤政开明的君主，他的时代被称为"武丁中兴"。武丁朝雄踞中原，开疆拓土，毫不夸张地说，妇好打下半壁江山。作为王后和女将，以智慧和实力担当家国事业，博得众人的敬重，她坚若青铜；生活中为武丁生儿育女，作为妻子和母亲，她温润如玉。爱武装也爱红妆的双面佳人，堪称完美女性的典范。

正是这种爱人、知己、战友的身份，妇好三十三岁去世后，武丁悲痛不已，将她葬在自己办公的宫室附近，并在墓上建了享堂"母辛宗"，以便供自己和后代追思祭拜。子辈与其他宗族也为她陪葬了不少重器，甚至有当时的货

海贝

妇好墓遗址复原
陈列

币——海贝 6800 余枚。如此丰厚的陪葬品，留给我们极为丰富的文化遗产。因缘巧合，妇好墓在王陵区域之外而成为殷墟唯一得以完整保存的商代王室墓葬。丰富的文字与遗物，让我们有幸认识了 3000 多年前这样一位传奇女性。妇好的玉凤，恰似她优美的风姿，定格在历史的风景线上，为后人所景仰。

妇好墓

商王武丁也许是中国历史上最成功的男人。武丁的祖父、父亲、两位叔父都曾执掌商朝，自从他的叔父盘庚将商朝都城迁至殷以来，商朝一改衰落的趋势。武丁继位后，不断开疆拓土，极大地扩充了商王朝的版图。他在位的 59 年间，商朝政治清明，百姓富庶，国力达到鼎盛，史称"武丁中兴"。

武丁的两位儿子祖庚、祖甲都是商王，他们父子三人创造了商代的黄金岁月。武丁有很多妻子，其中三位是王后，分别是妇好、妇癸、妇妌。她们不仅为武丁生儿育女，还能征善战、擅长农耕、参加祭祀、执领封地。

妇好是商王武丁三位王后中最杰出的一位。她的墓葬位于商代都城殷墟的宗庙区内，南北长 5.6 米，东西宽 4 米，深 7.5 米。这个墓的规模在商代的王室成员中并不算大，也不像商王的墓有四条长长的墓道，但这个墓中却堆满了精美的随葬品，包括青铜器 468 件、玉器 755 件、骨器 564 件等，仅有 20 多平方米的墓室中，出土多达 1928 件陪葬品。其中有工艺复杂、纹饰精美的祭祀礼器；妇好梳洗打扮用的日用器物和饰品；妇好四处征战使用的青铜兵器；还有代表财富的大量海贝。墓中还发现 16 个殉人和 6只殉狗。这些随葬品证明妇好高贵的身份地位，也表明了她的丈夫武丁对她的宠爱。

墓内的青铜器不仅是精美的艺术品，更是商王朝礼制的体现。青铜礼器上铸有所有者的铭文，铸有"妇好"铭文的器物，是她生前所铸造或丈夫武丁赏赐的器物。而铸有"后母辛"铭文的礼器，则是武丁的儿子们为母后所做的祭品。

妇好墓中有多件铜钺，这种兵器有宽大的刃部，上面有穿孔可以绑在柄上。早在新石器时代，钺已经从最初的工具和兵器变成了权力的象征。最大的一件铜钺重达 9千克，上面装饰有两只虎食人的纹饰，具有震慑作用。虎食人纹下面，就是妇好的铭文。

孔雀石蝉

象牙杯

高冠玉人

浮雕玉人

玉虎头怪鸟

骨梳

从墓里的陪葬品来看，妇好不仅是一位王后，也是一位能征善战的女将军，而且她亲自主持庄严神圣的祭祀活动。"国之大事，在祀与戎"，妇好以一个女性的身份，直接参与了祭祀和征战这两件国家大事。在她以后几千年的男权社会中，也很难有女性能达成这样的伟业。

武丁对妇好的感情极为特殊，在妇好三十三岁去世后，商王没有将她葬在陵墓区，而是埋葬在离自己最近的宫殿旁，在妇好的墓上建造了庙堂，带领儿孙们为她举行了多次祭祀。甲骨文中记载，武丁还亲自为她举行冥婚，将妇好的幽魂先后许配给三位先王。商代人迷信鬼神，崇拜祖先和神灵。武丁对妇好的离开难以释怀，他将珍爱的妻子许配给去世已久的贤德祖先，也许是为了让祖先在另一个世界保护他的妻子，或者他认为，妇好完全可以和伟大的帝王相匹配。

妇好玉凤的来源

妇好墓中出土了大量玉器，当时的玉器工匠工艺纯熟，已经形成商代特有的装饰风格。商代的玉鸟已形成典型的样式，它们的身材粗壮宽厚，拥有钩子般的嘴和"臣"字一样的眼睛，身上的羽毛用勾连的双线表示，如同青铜器上的纹饰一般。它们有粗壮的腿，有些玉鸟的头上是商代典型的夔龙纹头冠。而这件玉凤却显示出完全不同的风格。它体型修长高挑，鸟嘴微弯，玉凤并没有雕刻脚，而是突出了它尾部长长的翎毛。它身上的纹饰是由突出的阳线纹饰勾勒，凤的眼睛并不明显。它的这些特点与新石器时代石家河文化出土的玉凤完全一致，可以确定这件玉凤不是商代的作品，而是妇好收藏的一件古玉。

妇好墓中出土的古玉不只这一件，它们的来源非常广泛，有西北的齐家文化、东北的红山文化、山东的龙山文化，还有南方平原的石家河文化。这些古玉的制造年代远远早于商朝，出于对玉器的热爱，人们将各地发现的古玉很好地保存起来，最后它们成为向商王室的朝贡之物。结合甲骨文中的记载，妇好讨伐过羌、土方，还有东夷。也许，这些来自各地的玉器是妇好四处征战后的战利品。这样看来，妇好可能是最早的古董收藏家。

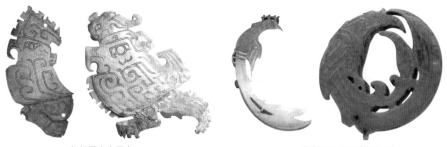

妇好墓出土玉鸟　　　　　　　　妇好玉凤及石家河玉凤

鸮尊

一只猫头鹰的待遇

鸮尊

馆藏：中国国家博物馆 河南博物院
出土：河南省安阳市殷墟妇好墓
年代：商

乍一看会觉得这是一只蹲着的狗。其实不是。它的名字是鸮尊。鸮，也就是我们俗称的猫头鹰。尊是古代的盛酒器。

鸮尊身高将近半米，头微昂，面朝天，双翅并拢，尾巴垂到地面，和两只粗壮的腿构成了三个支撑点，稳稳地站立，通体遍布十几种形状各异的动物形象。其外形从整体上看，有一种后世少见的扶摇直上的动感。

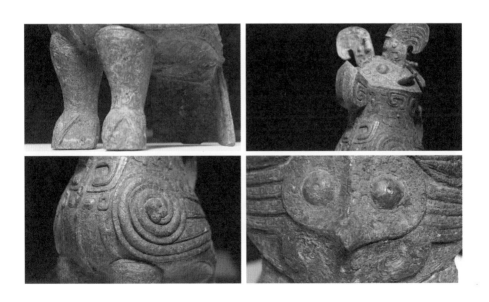

妇好墓外貌

文创产品

　　鸮尊被现在的年轻人誉为最呆萌的青铜器。河南博物院根据鸮尊的形象开发出了一系列相关的文创产品，深受大家喜爱。有网友调侃，早在3000多年前的商代，中国人就已经发明了"愤怒的小鸟"。

　　鸮尊出土于商代著名的王后妇好的墓中。妇好既是商王武丁之妻，也是中国有文字记载的第一位文武双全的女将军。生前她曾参与国家大事，主持

石器、陶器、青铜器中的鸮

祭祀，还带兵征伐过其他国家，帮助她的丈夫武丁实现了商朝著名的武丁中兴，
颇具传奇色彩。有专家甚至说，青铜鸮尊就是妇好的"代言人"，见证着中
国这位传奇女性的一生。可见，鸮尊虽然被现在的人赋予了呆萌可爱的意味，
但是在铸造它的时代，这也许不是它本来的意义。

猫头鹰是古代工艺品经常采用的原形。商代及商之前的历史时代里，石器、

雅典娜神庙

雅典城邦钱币中的雅典娜和猫头鹰

陶器、青铜器中都能见到精美的鸮形。商人有崇鸟的习惯，鸮就是他们主要的崇拜对象之一。观察这些器物，总觉得有一些地方被加工得格外醒目、夸张，例如锐利的嘴巴、狞厉的面部、粗壮的腿足、繁缛的纹饰，等等。这些有意识的夸张，大概是要强调鸮的威慑力。

　　在商代，鸮是人们喜爱和崇拜的一种神圣的鸟。有些专家认为商人把"鸮"推崇为"战神鸟"，是克敌制胜的象征。也有专家认为商人把"鸮"作为地位和权力的象征。还有专家认为商族族源神话"天命玄鸟，降而生商"中的"玄鸟"，实际上就是商人祖先神的化身——鸮。有学者说，甲骨文字里面的"商"字，其实就是一只猫头鹰的大脸。这不但道出了鸮与商的不解之缘，也可以解释妇好墓为什么会随葬鸮尊。有关生商的"玄鸟"究竟是不是"鸮"，至今仍然有很多的争论，但有一点是毫无疑问的，在商代的青铜礼器当中，出现得特别多的鸟，就是"鸮"。

　　事实上，对于猫头鹰的崇拜并非仅仅发生在中国商代的皇家。希腊神话中，代表智慧、理性与公平的雅典娜，她的爱鸟就是一只猫头鹰。古希腊人崇拜猫头鹰。作为可以在夜间捕猎的鸟儿，猫头鹰在黑暗中看清真相、在混乱中理清思维，或许这就是猫头鹰被赋予了智慧象征的原因。

猫头鹰的形象在商代的石雕中也有体现，而无论是雄浑还是卡通，商代猫头鹰所散发出的简单、直接、大气，以及不经意之间流露出的高贵气质，在之后的 3000 年的中华大地上再也没有出现过了。

猫头鹰在后世被看作了丑恶的不祥之鸟。诗经《豳风·鸱鸮》中说："鸱鸮鸱鸮，既取予子，无毁我室。"豳是渭河流域，周族部落的发祥地，对于鸱鸮，周族已用上极尽贬义之词了。在历经了 800 年周朝对于殷商文化的推倒洗牌之后，鸮在汉代仍然难以翻身。西汉贾谊《吊屈原赋》这样写道："呜呼哀哉，逢时不祥。鸾凤伏窜兮，鸱鸮翱翔。"在汉代，猫头鹰还被莫名强加上了"食母"的恶名。我们小时候也听过这些俗语，"不怕夜猫子叫，就怕夜猫子笑"，猫头鹰的到来不是什么好事。

套用这几年很火的一首诗：你见或者不见我，我就在那里，不悲不喜。从高贵，到不祥，再到呆萌，猫头鹰一直就是那个猫头鹰，但是人心变了好多。

尊

甲骨文的"尊"字很形象，一双手捧着一件容器，里面盛着酒，这件容器的名字就是"尊"。而这种恭敬而虔诚奉酒的心情也被蕴含在"尊"字内，演变成"尊敬""尊贵""尊重"等词。

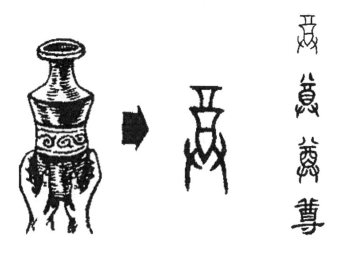

尊是在商代出现的一种大型盛酒器。圆形尊口部外敞，口径比较大，如同喇叭，腹部鼓出，装饰有各种纹饰，里面用于盛酒，底部是圈足，商代早中期的圈足上多有"十"字形的穿孔。出土于安徽省阜南县的龙虎尊就是这种典型的器型。龙虎尊的肩部有三条蜿蜒的龙，圆雕的龙首伸向外部，头上有两只角。龙首下有扉棱，将腹部分为三部分，每一部分都装饰有虎食人纹，虎的身体对称向两边伸展，虎头圆雕伸出，虎口衔着一个屈腿蹲着的人。这件尊的纹饰极其精美，是典型的商代圆形铜尊。

四羊方尊也有外敞的大口、微鼓的腹部和高圈足。但它的口和足都为正方形，所

龙虎尊

四羊方尊

牺尊

以叫方尊。这件方尊有半米高，重达 35 千克，真正地体现了"尊重"的含义。方尊的口部装饰有蕉叶纹和兽面纹，腹部的各面着重铸造了一只卷角的羊，羊头伸出于器外，羊身和羊腿附着于尊的腹部和圈足上，两只羊中间还盘旋有一条双角的龙。

除了圆尊和方尊外，商周时期还流行将尊铸成牛、羊、虎、鸟、雁等形状。山西浑源县出土的牺尊就是模仿水牛的造型，牛角前弯，眼睛圆睁。牛鼻子还有圆环，证

晋侯鸟尊与孔雀

明吕纪《杏花孔雀图》

明在春秋时期，已经开始使用穿鼻的方法驯服牛。牛的腹部中空，颈部、背部、尾部有三个取酒用的圆孔，可惜盖子已经丢失。

山西博物院藏的晋侯鸟尊背部有可以取下的盖，用小鸟作为盖钮。鸟尊整体造型丰满，两翅上卷，刻画了精细的羽毛纹饰。昂头回首，双眼圆睁，高冠直立，与古代绘画中的孔雀极为相似。鸟尊的盖内和腹底铸有铭文"晋侯乍（作）向太室宝尊彝"，而《周礼·春官·司尊彝》记载古代祭祀礼器中有所谓的"六尊六彝"，"鸟尊"即为其一，这件器物便验证了史书的记载。

利簋

刻下商周的界碑

利簋

馆藏：中国国家博物馆
出土：陕西省西安市临潼区零口镇
年代：西周

　　西周王朝经常举行各类赏赐活动，当年作为西周官员的利，也得到了周武王赏赐给他的青铜，很是高兴。他用这稀有的青铜铸成了这件"簋"，故名为"利簋"。利的官职在当时叫"有司"，也就是个部门主管。这件簋，样貌称不上惊艳，却被认为是镇国青铜器。它珍贵的秘密究竟藏在哪儿了呢？

国家博物馆讲解员袁硕介绍说："长久以来，中国的学者一直对史书上的记载有所怀疑，其中最经典的一个例子莫过于《史记》中对牧野之战的记载。司马迁在《史记》中描述道，当周武王讨伐商纣王时，殷商王朝竟然组织起了 70 万人的作战队伍。且不论以 3000 多年前的人口和调度能力，70 万人作战是否太过夸张，就连牧野之战发生的时间都有至少 44 种结论。辉煌伟大的周王朝是什么时候建立的，之前没能得出一个清晰的结论，这实在是太让人遗憾了。好在青铜利簋出土了。"

簋是一种古代食器，用来盛装煮熟的谷物类主食。西周等级森严，一些用于祭祀和宴飨的器物被赋予了特殊的含义，成为礼制的象征，这就是所谓的"藏礼于器"。

天子在祭祀、宴飨、随葬时，使用九鼎八簋，诸侯七鼎六簋，大夫五鼎四簋。依次类推，不能越级使用。此后的 3000 多年，"礼乐"成为中国人的思想准

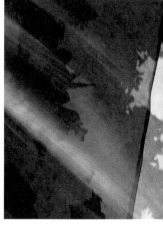

牧野之战

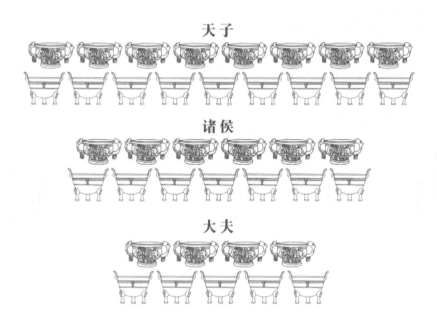

天子

诸侯

大夫

西周列鼎制度

释文
珷（武王）征商，隹（惟）甲子朝，岁鼎，克闻（昏）夙又（有）商，辛未，王才（在）
阑师，易（赐）又（有）事（司）利金，用乍（作）檀公宝尊彝。

则和行为规范，中华民族"礼乐之邦"的声誉也由此而来。

作为西周贵族的常备礼器，簋本身并不十分罕见。利簋的珍贵恰是因为底部的 30 余字铭文揭晓了武王征商的时间。铭文开头是这样写的："武王征商，惟甲子朝，岁鼎。"翻译成现代文就是武王伐纣战役发生在某年"甲子"日的早晨，当天"岁"星（也就是木星），正当中天。首先，专家采取了碳 14 测年法，将西周初年遗存中出土的碳样进行检测，框定出武王伐纣战役发生在公元前 1050（年）至前 1020 年的年代范围；天文学家依据铭文中所记甲子日"岁"星（木星），在中天的天象，参照《国语》记载的天象记录，精确计算出武王伐纣发生于公元前 1046 年 1 月 20 日。由此，这一历史学的著名悬案终于告破，利簋居功至伟。可以说，它刻下了商周的界碑。

讲解员说："对于这30多字铭文的解读，一些学者提出了自己的异议。只能说，我们目前只是暂时得到了一个大体上还算认同的说法。如果想得到最终的定论，恐怕还需要进一步的发掘和研究。"

其实，对于一个并不从事学术研究的普通人来说，欣喜的不仅是了解到商周更迭的年份，更是拜千年不断的文字所赐，通过一件文物，三十几个字，居然能和3000多年前的祖先们交流。而簋的上半部分形状被现代人使用的碗沿袭下来，依然作为食器，被我们捧在手掌，也捧在心上。

碳 14 测年法

　　碳元素是自然界广泛存在的一种元素，也是构成地球生命的重要材料。我们每天吃的食物中包含大量碳水化合物，用来取暖的煤是人类最早使用碳的形式，坚硬而闪亮的钻石是自然界中碳的另一种存在形式。

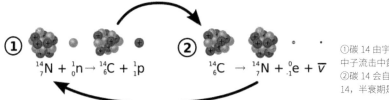

①碳 14 由宇宙射线中的中子流击中氮核而变来。
②碳 14 会自发衰变成氮 14，半衰期是 5730 年。

$$① \quad {}^{14}_{7}N + {}^{1}_{0}n \rightarrow {}^{14}_{6}C + {}^{1}_{1}p \qquad ② \quad {}^{14}_{6}C \rightarrow {}^{14}_{7}N + {}^{0}_{-1}e + \overline{v}$$

　　随着科技的进步，我们对碳原子有了更多的认识。科学家们发现，同一元素具有相同质子数、不同中子数的存在，它们互称为"同位素"。碳元素就是一个典型的例子，碳的同位素有碳 12、碳 13、碳 14，分别含有 12、13、14 个中子数。其中碳 14 具有放射性，导致它的性质很不稳定。随着时间的流逝，碳 14 会释放出射线，慢慢变成稳定的氮 14，这个过程就是"核衰变"。不同的元素衰变的快慢不同，用"半衰期"来表示，指的是放射性同位素原子数目减少到开始值一半时所需的时间。半衰期快的元素如碘 131，它的半衰期仅为 8 天，就可以减少一半。而碳 14 的半衰期为 5730 年。

　　当宇宙射线进入地球外层大气时，氮 14 会发生一系列反应，产生不稳定的碳 14，活着的植物需要光合作用，就会吸收空气中含有碳 14 的二氧化碳，动物吃了这些植物后，也会摄入碳 14。因而，所有生物体内都应该含有碳 14。当植物或动物死亡后，就停止摄入新的碳 14 了，而其中的碳 14 会不断衰变。所以，测量生物体内碳 14 的含量可以推算出生物死亡时间。这种碳 14 测年法是 1947 年美国科学家威拉德·利比（Willard Libby）首次使用。

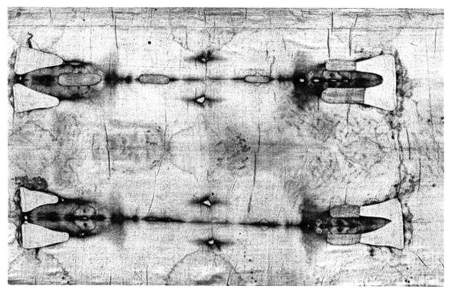

都灵圣体裹尸布 (Shroud of Turin)

　　碳14测年法也有一些限制,碳14的"半衰期"为5730年,经过5个半衰期(29,000年),碳14就所剩无几了,科学家就很难测量到了。超过5万年前的生物,碳14实验室就无法进行测定。加之空气中的碳14含量并不是一直稳定,贝壳、骨头、木头等不同材质测量出的结果也会有所差异,如同任何科学计量方法一样,碳14测年法也存在一定误差,但它对于考古学、古生物学等学科作出了巨大贡献。

　　意大利都灵一座教堂内,保存着一块布片,上面隐隐约约有人的影像。这块布就是著名的"都灵圣体裹尸布"(Shroud of Turin),它被认为是耶稣基督被钉在十字架上死去后用来裹尸的遗物,其上的影像就是基督真容。1988年,美国、英国、瑞士三地的科学家对这块裹尸布上剪切下的样本进行了碳14分析,三地的结论是基本一致的:这块裹尸布的年代在公元1260到1390年间。这块布的原料是耶稣死后1200多年才种出来的,科学家用碳14测年法澄清了这一历史悬案。

牧野之战

利簋发现于 1973 年。这年 3 月时，陕西临潼县的农民正在进行水利建设，挖掘出了一个地窖，里面堆满了青铜器。考古工作人员清理了这一深 2 米、宽 0.7 米的青铜器窖藏坑，一共出土了壶、簋、盉等礼器 5 件，甬钟 13 件，斧、凿、铲、削、角刀、铲刀等各类工具 23 件，戈、镞等兵器 7 件，车辖、带扣、扣饰、马络饰等车马器 105 件，铜饼、铜器座各一件，而利簋就在其中。

利簋出土时并不起眼，它纹饰不算精美，造型也很普通，体积也不大。等到研究专家清理出利簋底部的铭文之后，它的价值才被人们所认识。一个学术界争论已久的难题，也因它的出现最终被解开。

利簋上的铭文为铸造金文，部分文字使用了通假字，使学者们对内容的释读产生了歧义。经古文字学家、历史学家考释，铭文释读为："珷（武王）征商，佳（惟）甲子朝，岁鼎，克闻（昏）夙又（有）商，辛未，王才（在）阑师，易（赐）又（有）事（司）利金，用乍（作）檀公宝尊彝。"翻译成现代文的大致意思就是："武王伐商，在甲子这天早晨，岁星当头。打到傍晚只用了一天时间，就攻下了商都。辛未这一天（按天干地支纪日法计算，是甲子日后第八日），武王驻扎在阑这个地方，论功行赏，赏给官职为有司、名叫利的人一批铜，利就用这些铜铸造了这个簋来纪念自己的先祖檀公。"所以这个簋也叫作"檀公簋"。

铭文中的第一句即是："武王征商，惟甲子朝，岁鼎。"武王征商具体是指"牧野之战"，这是周人推翻商族统治、掌握中原政权的一场决定性战役。这一役之前，是商代，牧野之战之后，中国历史就进入了周朝。

这一重要的战役却一直不知道发生在哪一年。因为中国史书中可以考证的准确历史，开始于公元前841年。因不满周厉王的暴政，居住在镐京的人们集结起来，手持棍棒、农具，围攻王宫。"国人暴动"，驱逐周厉王，公元前841年改年号为"共和元年"，成为中国信史的开端。但此时已是周朝中期，在此之前的历史，就没有具体年份了。

记录武王克商之战细节的文献记录，首推《逸周书·克殷解》《史记》《尚书·牧誓》《逸周书·世俘》，加上今本《竹书纪年》和《吕氏春秋》等书。其中大多记载武王伐纣时出现了"东面而迎岁""岁在鹑火""五星若连珠"等天象。学者们大多按照这些瞩目的星象来推算牧野之战的具体年份。可是各文献中的天象记载不同，文献的真伪无法选择分辨，导致牧野之战的具体发生年代，从汉代起至今，学术界推算出44种不同说法，时间从公元前1130年到公元前1018年不等，前后相差112年。

利簋铭文的发现，印证了部分文献记载，解决了这一难题。利簋的铭文中明确记载了牧野之战是发生在甲子日的早晨，正好与《尚书·牧誓》中所记载的"时甲子日昧爽，王至于商郊牧野"得以印证。近半个世纪的考古学的发展，积累了大量新资料，尤其是大量西周青铜器铭文的研究，厘清了历代周王的年表。现代天文技术取得了巨大进步，天文学家可以利用大型计算机进行天象回推，可以精确到几千年前的每一天。利簋中记载的"岁鼎"星象记录就显得十分重要。岁星即木星，有学者认为，"鼎"指的是在天空的正中间，也就是在这天早上，木星处于天空的中间位置，它成为推算牧野之战具体日期的重要证据。而《逸周书》等古籍中记载的"战一日而破纣之国"也与利簋上的"甲子朝，岁鼎，克昏夙有商"这句话对应上了。专家一致认为，武王伐纣，就是只用了一天的时间，早上武王发兵攻打，晚上，商纣王就自焚了。

利簋，这件其貌不扬的青铜器，以其铭文确定了中国商朝建立年代，成为镇国青铜器。

何尊

这里有中国

何尊

馆藏：宝鸡青铜器博物院
出土：陕西省宝鸡市陈仓区贾村镇
年代：西周

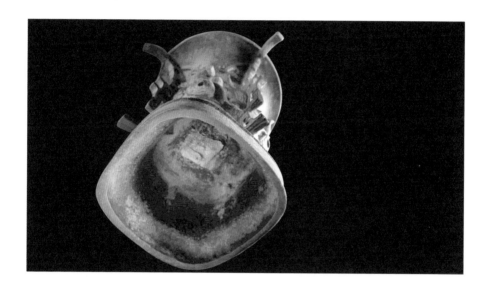

凝重雄奇的造型，严谨又富有变化的纹饰，但只有慧眼才能看见它的心。此刻，它被安置在国宝的最高展台。因为它记录了上古时期一对十几岁少年的心跳，一段关于王朝不忘初心的对话。

3000 年前的日落，在大地上映射出两个年轻人的身影。他们一个建立了一座至今依旧繁荣的都城，一个铸造了一件记载荣光跨越十几个朝代依然不朽的青铜器。他们的父辈曾经浴血并肩奋战，建立了新的王朝——周朝。

昔在尔考公氏，克逑文王，肆文王受兹命，唯武王既克大邑商。

大意：何的父亲公氏迫随文王，文王受上天大命统治天下，武王攻克了大邑商。

　　这两个青年一个是周武王之子，刚刚继位五年的周成王姬诵，一个是同宗的贵族何。虽然王朝新的领袖姬诵才十几岁，但已经在他四叔姬旦，一位令后世孔子都尊崇的儒学先驱辅佐下开始励精图治，并依照父王姬发临终的遗愿，为保江山永固，在距离当时王城西安300多公里以外的洛阳建立了新的都城。这些事迹使得同是年轻人的何血脉偾张。父亲的业绩得到一国之君的认可，自己又被新王看重，为此他也要做一件热血的事情。在得到批准后，何铸造了一件青铜尊，在尊底有限的范围里，最大限度地记载了父辈们和新王的功绩，以及新王对自己的告诫。

　　当考古学家在122字铭文里发现"宅兹中国"四个字的时候，无异于在方寸之间看到了埋藏了千年的谜底。这是关于"中国"一词最早的文字记载。宅兹，是居住在这里的意思。在城邦的中心会树立旌旗，金文的"中"字出

周公姬旦

周成王姬诵

建都洛阳

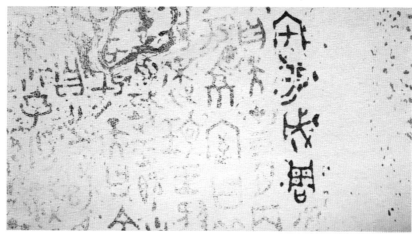

宅于成周
大意：居住在成周（洛阳一带）

此而来；家园需要有护城河阻挡外来入侵，并在军队的护卫下才能得以安宁，
因此金文的"国"字有兵戈守护。尊里的"中国"所指的是当时天下的中心，
王朝的中央，新建的都城成周，在现在的洛阳一带。

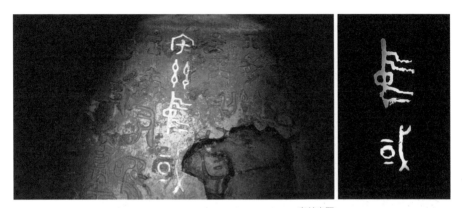

宅兹中国
大意：居住在天下中央

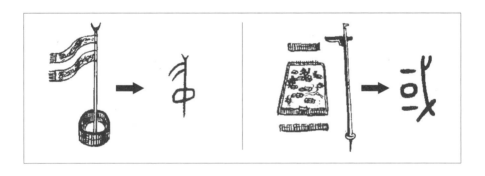

这些写给祖先的字迹，更像是写给数千年后 13 亿中国人的信。3000 年历史演进、朝代更替，"中国"一词从地理中心、政治中心派生出文化中心的含义，继而又被赋予了王朝统治正统性的意义。直到清末，"中国"一词被用作国名出现在官方正式文书当中。

　　3000 年过去，那对年轻的身影早已不在，太多故事也被黄土掩盖，但洛阳城繁华依旧；同样被黄土掩埋的青铜尊于 1963 年在陕西的一处土崖中被发现，后被命名为何尊。虽没有了最初夺目的光泽，但尊底的 122 字铭文却没有辜负它主人的期望，跨越三个千年，将祖先的丰功伟绩展现在后人眼前。

　　中国，3000 年前被镌刻于方寸之间，深埋于地下。3000 年后，埋藏它的泥土和这泥土连接的 960 多万平方公里的土地，都被它命名，叫作"中国"。

何尊与成周

1963 年，陕西宝鸡贾村镇的一个农民院子里，天刚刚下过雨，这家的住户发现因雨水冲刷，院后的土崖有所坍塌，其中好像有亮光。被埋藏了 3000 年的何尊就这样出土了。

农民在自家田地耕种、院中盖房时发现青铜器，这在陕西，尤其是在宝鸡并不罕见。地处陕西关中平原西端的宝鸡，曾是西周的发祥地和京畿重地，许多高级贵族的封地和周王朝的宗庙都位于这里，因而宝鸡地下的青铜文化遗存极为丰富。自西汉至今，宝鸡境内就不断有青铜器出土，晚清时出土的"四大国宝"——毛公鼎、大盂鼎、散氏盘、虢季子白盘，全部来自于宝鸡，而今他们已经分别成为海峡两岸博物馆里的"镇馆之宝"。两千年来，宝鸡出土了数以万计的青铜器，这些重器的发现，极大地改变了世人对西周历史的认知，让我们对西周的政治、宗教、礼仪制度、工艺制造方面有了更深入的了解。宝鸡因出土青铜器数量众多，规格很高，铭文内容填补史料空白，被誉为"中国青铜器之乡"。

2003 年宝鸡眉县杨家村窖藏

出土后的何尊被藏入博物馆中，它高 39 厘米，口径 28.6 厘米，重 14.6 千克。专家确认，这是件西周早期的青铜酒器，名字叫作"尊"，它表面装饰的纹饰为"饕餮纹"，于是它被命名为"饕餮纹铜尊"，成为宝鸡市博物馆 1958 年成立后收藏的第一件青铜器。

从"饕餮纹铜尊"更名为"何尊"，不仅仅是器物名称的变化，更是因为它的学术价值被逐渐认识，这都源于考古学专家马承源先生。马承源先生长期从事青铜器的研究，在民间和海外征集、抢救了数以万计的珍贵青铜文物。因为马承源先生的努力，使上海这一并不出土青铜器的地方，却藏有中国最多的青铜器精品，是当之无愧的青铜器专家。

马承源先生

1975 年，为纪念中日建交，国家文物局要在日本举办中国出土文物精品展，时任文物局局长王冶秋聘请青铜器专家马承源先生组织筹备。马承源先生很快从全国各地调集了备选展品，其中就有这件饕餮纹铜尊。马承源先生见到这件青铜器后，心中十分纳闷，依照多年的研究经验，西周早期如此大的青铜器怎么会没有铭文呢？随即他用手在铜尊内壁底部反复寻找，隐约感觉底部刻有文字，立即进行清除泥土和锈迹的工作。果然，铭文在铜尊底部显现出来，不大的器底共有 122 字。依照铭文，这是西周早期贵族"何"所铸造的青铜器，将其更名为"何尊"。

对于何尊及其铭文的研究就此展开。何尊铭文中记载，周武王灭商后，考虑到镐京偏西，不能控制殷商旧族广泛分布的东方地区，就提出过在今天洛阳附近建都的设想。武王说："余其宅兹中国，自兹乂民。"他希望在天下之中的地方建立都城，以此来安定百姓，统治民众，为此他日夜焦虑，废寝忘食。武王有感于自己天命将尽，将这一愿望向自己的弟弟周公旦倾诉，还将自己的幼子周成王姬诵交由周公辅佐。

周公是文王的儿子、武王的弟弟、成王的叔父。他没有辜负武王的嘱托，为了稳定周朝大业，他协助成王摄政多年。国事繁忙，周公也愿意亲力亲为。无论周公是在清洗头发还是在进食，只要有贤士来访或商讨国事，周公必定停下手中的事情来接见。有时一次沐浴时要多次握起头发，吃一顿饭时要多次吐出正在咀嚼的食物。周公这样

何尊释文：

唯王初雍，宅于成周。复禀王礼福自天。在四月丙戌，王诰宗小子于京室，曰：
‘昔在尔考公氏，克㐅文王，肆文王受兹命。唯武王既克大邑商，则廷告于天，
曰：余其宅兹中国，自兹㐅民。呜呼！尔有虽小子无识，视于公氏，有勋于天，
彻命。敬享哉！’唯王恭德裕天，训我不敏。王咸诰。雍州何赐贝卅朋，用作口
（周）公宝尊彝。唯王五祀。

周公辅成王（山东嘉祥武梁祠汉画像砖）

礼贤下士，求贤若渴，天下人才无不信服。曹操的《短歌行》中，便用"周公吐哺，天下归心"一句，表明自己如周公一般求贤若渴，希望天下人才都来归顺。

周朝初年，还有殷商的旧臣和贵族反抗周王朝统治。周公没有忘记武王的遗志，在两次东征平叛之后，新建都城的事情更加紧迫。查勘地势后，周公选择了洛水和伊水流经的平坦之地。周公又反复占卜，终于选定了四方进贡距离都相等的天下中心建立新都城，这就是何尊记载的"中国"。周公将测量和营建成周的过程记录下来，后世历代都城的营造，无论是出于崇尚复古，还是证明皇权正统，都或多或少地参考了周王城的设计。

营建完成后，周公把九鼎安放在这里。在中国历史上，九鼎一直象征着皇权稳固。传说，禹建立夏朝时，将天下划分为九州，收集各州的青铜，铸造了九个大鼎，上面雕刻有各地的山川地貌、珍禽异兽。禹将代表九州的大鼎陈列于宫门之外，象征天下一统和至高无上的王权。自此以后，历朝历代的帝王都很看重九鼎的象征意义，得到九鼎才能证明自己皇权的合法性和权威性。

通过考古发掘，我们知道夏代的青铜器器型较小、器壁很薄，也没有多少纹饰。当时还没有发现大量的铜矿，铸造技艺还未成熟，不可能铸造出九尊大鼎。经过青铜器文化繁盛的商朝后，周公在成周安放九鼎是完全可以实现的。春秋时期，周王室衰微，

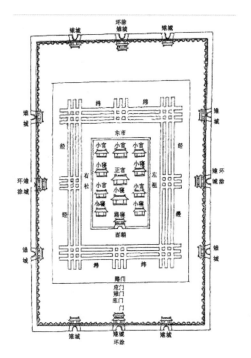

周王城设计示意图

春秋五霸之一的楚庄王过周境时，询问周天子鼎的大小轻重，"问鼎中原"将楚庄王觊觎王权之心昭示天下。

周成王五年，新的都城成周建成了，周成王迁都于此，并为其父武王举行了盛大的祭礼。他向上天宣告，周武王梦寐以求的新都城成周，终于在天下中心的地方"中国"建成了。成王又对宗室子弟进行了训诫，并赏赐贵族何30串贝币，何深感荣耀，为此铸造一件铜尊，记载此事。

当成王长大后，周公决定还政于成王。周公以殷商灭亡的事情提点成王，告诫他不要纵情于声色、游玩和田猎。此后周公把主要精力用于制礼作乐，继续完善各种典章法规。周公在国家危难的时候，不避艰辛挺身而出，担当起王的重任；当国家转危为安，走上顺利发展之路的时候，毅然让出权力，这种无畏无私的精神，始终被后代称颂。周公临终前，希望葬于成周，表示至死也不能离开成王。成王不敢以周公为臣，为表达对周公的尊重，将他与周文王安葬在一起。

何尊，不仅记载了最早的"中国"一词，讲述了周武王、成王、周公的功绩，更重要的是，它为我们展现了周王朝早期蓬勃向上、锐意进取的时代面貌。

玉组佩

把世界戴在身上

◠ 玉组佩

馆藏：山西博物馆
出土：山西省曲沃县北赵村晋侯墓地
年代：西周

你现在看到的我，来自 3000 年前的西周。我在地下行走了 3000 年。我和时光一起行走。穿着我的绳子已经腐朽，我的 204 块碎片，被光线连接。

204 个不同的象征，串接成闪光的句子，在身体上被佩戴成段落，组成了一个新的世界。在这个世界里，龙的鳞片和大雁的羽毛，振翅在同样的天空；

鱼的沧海和蚕的桑田，被同一根绳子，以一指相间。两条龙的缠绕，龙和凤的合体，龙的身体和人的头，人们把见到和想象到的生命浓缩成玉片。它们入海、通天，慢慢汇聚在同一个地方，汇聚到一个人的身体上。

整组玉佩从脖子铺到脚边，晋侯夫人又以长串的玉佩垂坠耳畔，以玉片覆面。口耳眉目之间，呈现万物的容颜。

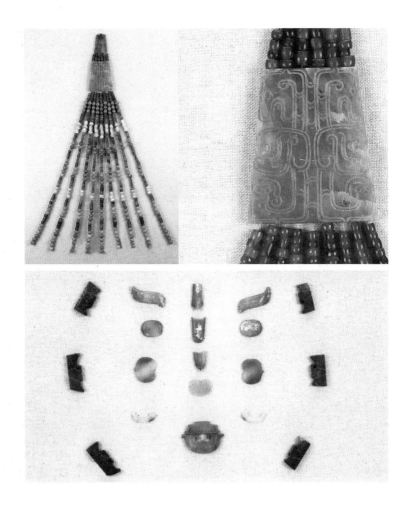

当时的人们认为，把一个世界穿戴在身上，让亿万年生命的玉与数十年生命的人，将彼此的生命互相给予，就是人对天地万物之爱的表达。玉，成为西周在青铜之外留给时光永恒的礼物。

西周的人们严格遵照等级，将礼制体现在服饰上。佩戴玉组佩的人，节步缓行。身份越高贵，身上的玉组佩便越长越复杂，走路的步伐就越小，走得也越慢。

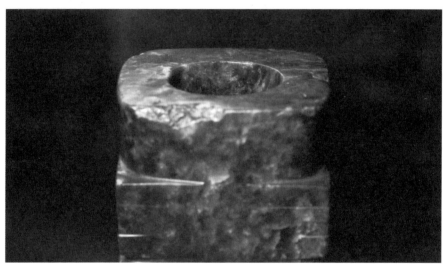

礼制,无形地掌控着国家运行的规范。玉身为礼的载体,用来当作沟通日月天地、对话祖先的语言,用来比喻君子的品格,用来象征女子美好的仪态。

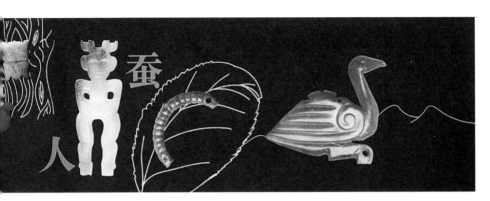

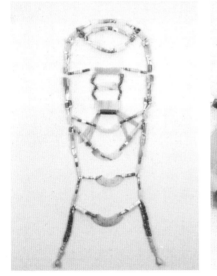

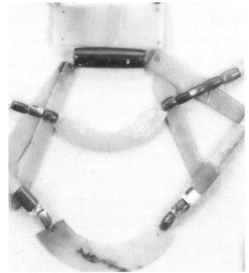

亿万年前的地壳运动，造就了玉石。先民的双手把玉开凿出来，捡拾起来，捧在手心里。玉组佩，以毫厘的薄片象征巅峰，以静止不动比拟河流，流经了生死与朝代更迭。这一组碎片来到我们眼前，已经行走了亿万年。而西周离我们不过 3000 年。从礼玉到佩玉，我们把世界的美好戴在身上。

从灵玉到礼玉

在中国古代，玉器并没有严格的定义和划分，美丽的石头就是玉。"玉"字在古人心目中是一个美好、高尚的代表，它比王字多一点，也许就代表了玉是佩戴于王者腰间的装饰物。古代诗文常用玉来比喻和形容一切美好的人或事物。形容女子美好的容颜，就用玉面、玉女、亭亭玉立，比喻美食美景，用锦衣玉食、琼楼玉宇。中文中与玉器相关的词汇，大多都是王字旁，也称之为"斜玉旁"。琳琅，就是指精美的玉石，也指玉器碰撞在一起发出的清脆美妙的声音。琢磨，是指将玉石雕刻和打磨成玉器，也指代对文章等加工使其更精美。

中国最早的玉器，是8000年前的辽宁阜新的兴隆洼先民创造的。他们用当地所产的岫岩玉制作了玉匕、玉玦、玉管等器物，造型都是模仿日常中的实用器。但玉材质稀少，又不耐磕碰，并不适合作为

兴隆洼文化玉器

工具使用，保留了实用功能的玉器开始具备其他功能。玉器具有温润美感，是珍贵的装饰品。而美玉稀有又不易加工，使它成为社会地位和权力的象征。

中国人把玉看作是天地精气的结晶，使玉逐渐变成沟通天地与鬼神的使者。东北地区的红山文化，创造出了玉猪龙、三孔形玉璧、勾云形玉器、马蹄形玉箍形器等，它们造型独特，充满想象力。位于南方的良渚文化，在玉器的表面精心雕琢神徽图案，这样耗时耗力制作的玉器却被用作随葬品，仅一座墓葬中就出土了多达 33 件玉琮。位于陕西神木的石峁遗址，石制城墙的缝隙中发现大量的玉璋、玉璧、土钺等，数量巨大、材

质珍贵的玉器，却被石峁人埋入石城墙中。这些玉器不是用来作为装饰，而是承载着原始先民们的信仰，在精神领域有至高无上的作用，是沟通上天鬼神的"灵玉"。

商代人尊崇鬼神，大量甲骨占卜也显示了商人的这种信仰。所以，商代墓葬中出土的璧、琮、圭、璋等，都是基于玉器的灵性，被用作沟通祖先神灵的神物。只是在当时是如何作用，我们不得而知，只能从后世的文献记载中加以推测想象。商代也出现了一些小型的实用和装饰玉器，妇好墓内出土了玉刻刀、玉容器，还有穿孔的玉龙、玉鹿等装饰用玉，但它们不是商代玉器的主流，商代玉器大部分还是巫觋的祭祀用具。

到了周代，周王室大肆分封，同宗贵族、姻亲、功臣，按亲疏远近被分封土地人民，建立起大小不一的诸侯国。在高低贵贱、血缘婚姻等错综复杂的关系中，需要用一种制度来加以制约。西周建国之初，周公旦就致力于制礼作乐，形成了一套覆盖各种人际关系的礼法，内容繁复，等级森严。玉器便成为礼的载体之一。周代贵族朝会、出使及日常生活中，用玉器来区分爵位等级高低。

当我们在谈论秦朝以前的一些礼仪制度时，都会引用《周礼》的记载。这部书是西汉时从民间征得的先秦古书之一。关于它的作者及其年代，历代学者进行了长期的争论，有学者认为它成书于西周、春秋、战国，甚至到汉代初年才写出。这部书内容

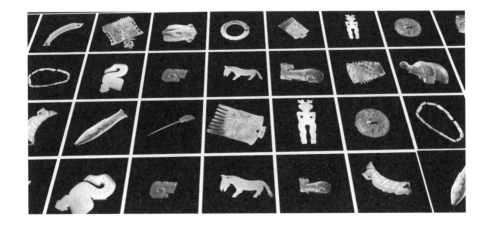

极为丰富，涉及社会生活的所有方面。它所记载的礼的体系最为系统，既有祭祀、朝觐、封国、巡狩、丧葬等国家大典，也有如用鼎制度、服饰制度、礼玉制度等具体规范。许多制度仅见于此书，因而它尤其宝贵。

《周礼·春秋·大宗伯》载："以玉作六器，礼天地四方。以苍璧礼天，以黄琮礼地，以青圭礼东方，以赤璋礼南方，以白琥礼西方，以玄璜礼北方。"这是周代最重要的六种礼玉。

玉璜是一种弧形片状的玉器。《周礼》的
记载中玉璜被当作是祭祀北方之神的礼器。可
从考古发掘显示，绝大多数玉璜不是被用作礼
器，而是作为装饰品或玉组佩的挂件佩戴，称
之为"配璜"。可见，《周礼》的制度规范并
非以往社会的实际制度，而是展示了一个完善
的国家典制，国中的一切都井然有序，富于哲理。

西周时期，士大夫提倡"君子比德于玉，君子无故玉不去身"。这种社会风尚促使贵族极其重视佩玉。各式构思奇巧的单玉佩，高贵复杂的玉组佩，贵妇使用的玉梳、玉簪，王侯将士们佩戴的玉剑饰，从装饰品到实用器，玉器也出现在生活的方方面面，也是礼制的代表。

大型玉组佩为西周首创，是服饰的组成部分，由多件玉器串联组成悬挂于身上的配饰玉。华丽的玉组佩表现了其高贵身份。《礼记·经解》说："行步则有环佩之声。"意思是说凡是君子都会佩玉，因为佩玉只有在不快不慢有节奏的步伐下才能发出清脆悦耳的声音，时刻提醒佩玉的人无论是走路还是坐车，动作和姿势都要温文尔雅、不失礼节，同时因为玉佩撞击发出的声音很远就能听到，以示正人君子行止得当，光明磊落，个会偷听或偷看别人。

玉佩以丝线绶带串联各种璜、璧、环、龙凤虎形佩等构件，多为成组对称使用。这些玉组佩的构件，即可单独作为配件，又可成组串联，更添富贵气息。考古发掘显示，社会地位越高的贵族，所佩戴的玉组佩串饰越长，制作越复杂精巧。而身份地位较低的人，配饰就变得简单而短小。

山西晋侯墓地出土的这套长约 2 米的玉组佩，属于晋穆侯的第二任夫人。晋侯墓地中都是一侯一夫人并穴合葬，只有晋穆侯采用了特殊形式，是与两位夫人合葬。这位夫人可能极受宠爱，她墓中的随葬品多达 4280 余件。而她又是个爱玉之人，除了这件超长的玉组佩和玉串饰外，棺外东北角还发现了一件青铜的方盒子，里面装了各种各样的玉器，最早的可以追溯到商代。

这套玉组佩能直接从墓主人的颈部覆盖到脚面，是贵族身份地位及权势的象征。但西周时期的贵族生活中佩戴的玉组佩，肯定不会这么长，也许是这位夫人生前有好几组玉组佩，她去世后，将几组玉重新组合在一起，全部用来入葬。

到了战国至汉代，为了佩戴者行动方便，玉组佩的组合趋向简单化，大型的玉组佩在西周如昙花一现，迅速退出历史舞台。礼玉的时代也就此结束了。

三星堆青铜人像

人性的光辉

三星堆青铜人头像

馆藏：三星堆博物馆
出土：四川省广汉市三星堆
年代：古蜀文明

当我们的目光遇见这些人像，就注定这是一场属于整个星球的相遇。他们鲜明的特征，标志着他们区别于普通人。无一例外的凝重表情里，有突出的眼睛和薄薄的嘴唇，耳垂全都有孔。在上古时代，珥佩应该是特殊身份的标志。

57 尊大小不一的青铜头像，像个谜。以我们的认知可分为圆顶、平顶和金面。圆顶头像戴着帽箍，个别脑后附带卷状物，如同盘起来的发髻。平顶头像有的脑后编发辫，大部分戴素面无纹帽。其中一尊头像的帽子上有回纹图案装饰。戴盘头帽的属于典型的川蜀特征。金面头像仅出土了四尊，金色大部分已经脱落，只有一尊基本完整。金色用黄金捶拓成金箔，以生漆调和

戴回纹帽子的青铜头像

石灰做粘合剂，贴附于面具表面。黄金自古是权力的象征，耀眼的金色彰显着人物更尊贵的地位。

三星堆头像里还有特殊的一尊，与其他头像风格迥异。这尊头像面部特征柔美，头顶为子母口形，现在，他的头饰是风。我们用猜测和想象与他们对话。许多人判断，她可能是一位女性，当褪去了神性的外衣，仿佛回到了人本性的一面。他们究竟来自何方？又为何与我们如此不同？

戴盘头帽的青铜头像

面部柔美的青铜头像

金面头像

青铜大立人像及线图

古蜀文明始终被当作一种地域文化，鲜少出现在官方史书中，以至于当他们的辉煌遗迹突然出现在世人面前时，人们更愿意相信，青铜头像凝重的表情是在遥望自己的故乡。

战国晚期，伴随着秦统一六国的步伐，古蜀被秦国所并。在此之前，古蜀国人一直沉浸在神权与王权合一的政治生活中，神巫色彩浓厚。这尊大立人铜像是所有青铜人像中级别最高的，他也许就是那个既掌握着世俗至高权力、又能与天地沟通的领袖。

三星堆文明晚期，中原王朝正处于殷商时代，商朝人大量制造青铜兵器、食器、酒器，用活人祭祀神明，是个充斥着血腥的时代。然而，在三星堆的祭祀坑中，始终没有发现用于祭祀的人牲，更不见一件兵器。这些长相冰冷的古蜀人，拥有着超越时代的人性光辉。这也许是他们强大的原因，或许也是他们消亡的种子。古蜀文明为何拥有如此超凡的想象力？与他们对视，那些超越语言的心动，也许就是隐藏在我们生命里的谜底。我们是人，也是人类，我们站在这里，也站在地球上。

三星堆祭祀坑

位于四川广汉的三星堆遗址，在 1986 年发现两个祭祀坑。这两个坑面积并不大，却让人们重新定义了巴蜀文化。每个祭祀坑只有 15 平方米左右，深度也不过 1.5 米，里面却堆满了珍贵的礼器，共出土有青铜器、玉器、金器、陶器等 1700 余件。其中包括巨大的青铜立人像、青铜神树、众多青铜眼形器、用金箔装饰的权杖和青铜人像，玉石制作的璋、琮、璧、瑗，还有成堆的巨大象牙。这让我们看到了一个拥有高超工艺但审美独特的国家——古蜀国。

一号祭祀坑   二号祭祀坑

汉代的《蜀王本纪》（公元前 53～ 公元 18 年）和晋代的《华阳国志》（348～354 年）是目前已知最早对古蜀国王记载的文献，其中提到了古蜀国的五位先王，分别是蚕丛、柏灌、鱼凫、杜宇（号望帝）、鳖灵或开明（号丛帝）。我们也许对古蜀国并不了解，却也听说过他们的名字。在李白的《蜀道难》中，先是感叹："蜀道之难，难于上青天！"接下来就说道："蚕丛及鱼凫，开国何茫然！"这位唐朝大诗人完全无法想象这两位古蜀国的先王在此处创立国家时的景象。李商隐的《锦瑟》中也有"庄生晓梦迷蝴蝶，望帝春心托杜鹃"一联。《蜀王本纪》记载：杜宇当上蜀王以后，称号改为望帝。当时古蜀国时有水患，望帝没有办法治理，而丞相鳖灵（《华阳国志》记载为开明）善于治水，于是望帝就如同尧禅位于舜一般，将王位禅让给鳖灵。望帝禅位后至西山隐居时，传来满山杜鹃鸟叫，蜀人听到杜鹃的叫声怀念望帝，十分悲伤。后蜀地传说望帝死后化成杜鹃，每到春天便日夜啼鸣，催促人民春天耕种，不误农时，以致啼出血来。才有了"望帝春心托杜鹃"一句。

不同的文献记载蜀王的名字略有不同，却都带有动物或植物的痕迹。我们甚至可以从这些蜀王的名字上看出他们的功绩和成就。比如蚕丛的功绩是"教民蚕桑"，鱼凫的功绩是"教民捕鱼"，鳖灵有治水之术，杜宇"教民务农"，最后也化作了杜鹃鸟。而且文献记载他们寿活百年以上，他们的极具特点的名字和超于常人的寿命，是他们已经被神化的表现。

以上是我们基于文献记载和民间传说对古蜀国的认识。三星堆遗址的发掘，为我们讲述了更多古蜀国的故事，其中最重要的一点就是：古蜀国人从哪里而来。

从考古发掘的资料来看，在新石器时代成都平原上存在着一群人，他们使用的陶器与湖北省的屈家岭、石家河文化十分相近，连筑造城墙的技术也是一样。所以可以推测4500年前，长江中游地区的一群人迁徙到了成都平原上，开始在这里生活居住，延绵繁衍了将近1000年，形成了这里的土著文化，考古学按这种文化的第一个发掘地的名称，将它命名为宝墩文化。这时中原地区正是商代早期。

仅仅半个多世纪后，这片土地上的文化发生了巨大进步。以广汉三星堆文化为代表的古蜀文化展现出了复杂而奇特的面貌。三星堆文化的陶器还基本保持着成都平原

三星堆青铜尊（左）与商代青铜尊（右）对比

的土著文化面貌，只有少量器型来自于周边的地区。原有土著文化中并没有玉礼器的出现，而三星堆祭祀坑中出土有璧、琮、圭、璋，他们与夏商王朝的玉礼器完全相同，显然是受到了中原文化的影响。青铜器中的文化内涵也能看出这种影响。二星堆遗址出土有长方形镂空的铜牌饰，与二里头文化的绿松石铜牌饰非常相似。可以确定，蜀地并不像李白所说"尔来四万八千岁，不与秦塞通人烟"，而是在夏王朝时期，蜀人就已存在并和中原文化有所联系。到商周时期，这种联系愈发深入和多样。比如三星堆出土的青铜器中有很多尊，从纹饰到器型都与商代殷墟青铜礼器如出一辙。蜀人还从中原学习了夯筑城墙的技术，用来修建古蜀国的都城。如今几千年前的城墙已大多坍塌，只留下城墙拐角处的三处夯土残垣，后人将这三个起伏相连的土堆称之为"三星堆"，此地的文化面貌也被称之为"三星堆文化"。用古蜀人遗留的城墙来命名古

三星堆青铜牌饰（左一）与二里头绿松石青铜牌饰（右二、三）对比

三星堆玉璋（左一、二）与商代玉璋对比

被砸毁的青铜大立人像

蜀人的文化，这是一种多么有趣的历史巧合。

　　总体来说，无论是当地土著的宝墩文化，还是中原的夏、商文化，它们都影响着古蜀人，却都不是古蜀人的主体文化。带有巨大眼睛的人头像、青铜面具和停有神鸟的青铜神树才最能展现蜀文化所独有的文化面貌。三星堆发现的两个祭祀坑帮我们描述出了蜀文化的概况：在相当于中原商代的时候，古蜀人从岷江上游迁徙到成都平原上，他们拥有一种独特的神巫信仰，崇拜巨目、鸟、鱼和树。他们会制作精美的青铜器和金器，也用这些珍贵的器物祭祀。来到成都平原后，他们开始学习农耕，并融合了本土土著文化中的实用器和中原文化的宗教祭祀传统，形成了特有的古蜀文化。

可是三星堆祭祀坑中的珍贵器物上有明显火烧和被故意砸毁的痕迹，这些与神巫祭祀有关的精美礼器，是因为某种原因被人为敲碎、砸扁又经过火烧后，扔进草草挖掘的浅坑内埋葬了。出土时，巨大的青铜立人像断为三节，几座青铜神树被砸毁得无法修复，玉礼器被烟火熏黑，青铜尊里盛放着被火烧过的玉石器和海贝。到底是古蜀国内部发生了王权的更替，还是因为某种原因被迫迁都，抑或蜀人每次祭祀后都要毁掉这些礼器？具体原因我们不得而知，只能猜测。也许，未来更多的考古发现会告诉我们答案。

三星堆青铜神树

生命之树

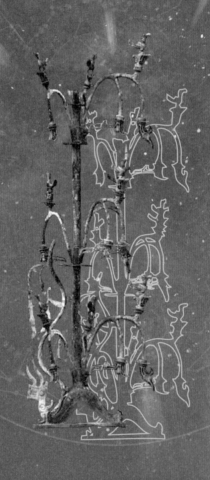

三星堆青铜神树

馆藏：三星堆博物馆
出土：四川省广汉市三星堆
年代：古蜀文明

　　三星堆遗址发掘现场超出所有人的预料，看情形，似乎3000年前这里的一切都被砸烂烧毁过，仿佛已经完成了一场涅槃。二号祭祀坑出土了几百块青铜碎片，这些留在人间的片段，还能拼贴出那个世界的一丝端倪吗？

　　三星堆文物修复团队历经八年，拼接出3000年前这里最大最完整的一件青铜器，当它呈现之时，新的谜团又接踵而至。

　　器物所要表达的意图完全超出人们的经验。眼前这件青铜器残高3.96米，由基座和主体两部分组成。树顶已残缺，基座仿佛三座山相连，主干三层，于山顶节节攀升，人们很容易联想它是一棵大树。

　　树的树枝分为三层，每层三枝，树枝上分别有两条果枝，一条向上，一条下垂，果托硕大。全树共有九只鸟，站立在向上果枝的果实上。

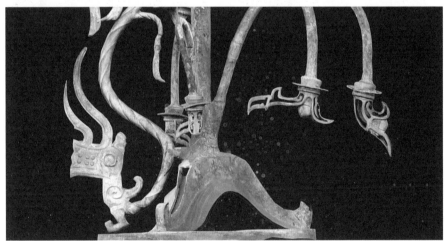

再仔细观察，我们可以看到它的非凡。一条龙沿主干旁侧而下，蓄势待飞，不难想象它凌空飞舞的壮阔景象。这棵树似乎并非生长于人间，也不仅仅是

古蜀先民对自然的理解，不只是他们对鸟类划过天际和在树上栖息的观察。几棵树也许象征着九天，树顶是否已经是九天之外？

神树所蕴含的秘密可能还不止这些，从另一株至今只修复出下半段的青铜神树底座，能看到更多隐喻和象征。它的三面各有一跪坐铜人像，前臂残缺，参照出土的其他青铜人物来推测，很可能是双臂前伸手持礼器如璋、琮等，表现祭祀仪式的情境。

亚述"圣树与翼日盘"
古代鸟与太阳颇有关联,所谓
"翼日盘",即是鸟与太阳结
合的典型图样,揭示出宇宙树
与太阳的密切关系。

北非腓尼基圆筒形印章上的"圣
树与太阳"纹饰
该印章图像特征是树顶上方悬有
翼日盘,表征树具通天之功用。

三星堆出土的其他青铜器,同样证实了古蜀先民非凡的创造力,还有他们不断试图沟通天地、认识宇宙的可能。这些符号与青铜神树一样,也许都来自一场仪式。这些也许超越了他们日常可见的形象,因此成为符号,成为拥有去过另一个维度和时空的神秘力量。

在全世界各大文明的神话中,大树都是天地之间的灵物。历史、文明、想象,似乎都是以一种相同的方式构建起来的,这种连接方式就如同树状结构。

树立天地。生命之树成为人类一个古老的象征。

西亚米坦尼印章上的"日—树"纹饰
该印章图像特征是树形物上方悬有翼日盘,提示树有通天之功用及树
与太阳的关系。

神树上的太阳纹　　　　　　　　二号神树底座

神树

树，直立挺拔，枝叶茂密，又拥有比人类更长久的寿命，所以被人们所崇拜。

三星堆祭祀坑内，出土有许多青铜树的残损部件，最终能确认的有六株。经过考古工作者多年的复原工作，一号青铜神树体量巨大，造型独特，是古蜀文明最具代表性的文物之一。

通过观察这六株神树，会发现它们都带有通用的特征：底座为三个相连的拱形，其上为直立挺拔的树身。树身与树枝处有火焰纹托盘相连，与太阳纹饰相似，树枝或上或下弯曲，枝头结有果实，还停落有神鸟或人面鸟身的神灵。这些形象组合成古蜀人心目中的神树，而一号神树的树身上还盘旋了一条龙，更加证明了这株神树崇高的地位。

在二号神树的底座上，三个连拱形上装饰有云气纹和"☉"纹，每个拱形前各有一个跪坐人像，可惜巫师手部已残缺。结合三星堆出土的一件刻有纹饰的玉璋，我们

祭山图玉璋及线图

可以还原出更多内涵。这柄玉璋长达半米，很薄，手握的一端较窄，有穿孔，另一端斜平。玉璋两端用线条描绘出了祭祀场景，画面以中间的勾连纹分为上下两组，凸起的连拱形图案内装饰纹饰与二号神树底座完全相同。上层巫师头戴平顶冠，双手抱握站立；下层巫师头戴山形的头饰，双手抱握，两腿外撇地跪拜祭祀。《周礼·考工记》中记载：大璋、中璋长九寸，是天子巡视天下时祭祀山川的礼器。这件玉璋比周代规定的九寸大璋还要长，其上刻的正是古蜀国人的"祭山图"，装饰有"⊙"形太阳纹和云气纹的连拱形就是神山。三星堆遗址中出土众多玉璋，还出土有巫师持璋跪地祭祀的青铜像，证明古蜀人对神山的敬仰和热爱。生长在神山之上的神树，也成了蜀国人崇拜的对象。

中原的神话和文献中记载了许多神树，有"扶桑""若木""建木"等。曾侯乙墓中出土有一件黑漆衣箱，上面绘制了战国时期关于太阳、月亮的神话故事。其上绘制了两棵树，高者有十一根枝条，矮者有九枝。每个树枝顶端都有一个发光的太阳纹，树枝顶端还停留有两只巨大的神鸟。两棵树之间有一人持弓发箭，从树上射下一只巨鸟。这幅画取材于"后羿射日"的神话故事，结合《楚辞》《淮南子》等书的记载，与三足乌、太阳有关的神树名为"扶桑"。后人在对《山海经》的注释中还记载：太阳从东方升起，停留在东海的"扶桑"之上，傍晚至西方落下，停留在西极的"若木"之上。所以有学者推测，三星堆这棵有太阳纹饰装饰、又停留有鸟的神树就是"扶桑"或者"若木"。

传说"建木"生长于天地之中，高百仞，是沟通天地人神的桥梁，伏羲、黄帝等上古君王都是通过"建木"这个神梯往来于天庭与人间。而攀附在一号青铜神树上的龙，也许正是蜀王或巫师往来的坐骑。因此，三星堆神树也有"建木"之说。还有学者认为，这棵青铜神树描绘的是古蜀人眼中的宇宙，是他们世界观的展现。虽然三星堆青铜树的原型及内涵有众多说法，它是古蜀国的神树这一点却毫无争议。

到了东汉时期，大中型墓葬中开始出现一种青铜树状的陪葬品。陶制或石制的底座顶端开有插孔，上面插有青铜铸造的树干，

三星堆青铜持璋人像

曾侯乙墓漆衣箱上的扶桑树

高达 1 米有余，树干上分多层插挂青铜叶片，叶片设计得华丽而繁复，其上站立不同
人物和神兽，还无一例外地挂有方孔圆钱，树顶多立一只尾羽华丽的神鸟，可能是凤
凰或者朱雀。青铜树的底座或为野兽奔跑的仙山，或为造型独特的神兽。我们不知道
古人是如何称呼这种神树，而如今站在它的面前，繁密茂盛的枝条上挂满铜钱的景象
令人震撼，被人们俗称为"摇钱树"。

有趣的是，这种"摇钱树"分布地区正好与古蜀文化位置吻合。目前出土的"摇钱树"
主要位于四川省，临近四川省的云南、贵州、湖北西部等地区也有分布。这也许不是
一个巧合。"摇钱树"上的方孔圆钱源于春秋战国时期，当时各国使用不同形状的钱币，
自秦始皇统一六国后，将秦半两作为统一货币，从此方孔圆钱这种形制的货币成为中
国古代钱币固定样式，延续了两千年之久。中原地区正处于商王朝时，以四川为中心
的西南地区就已经存在以树为崇拜对象的文化传统。秦朝之时，始皇为求长生不老，

三星堆博物馆藏汉代摇钱树

摇钱树的钱币上带有光芒

摇钱树上的佛教形象

广派方士至传说中的蓬莱、方丈、瀛洲三座仙山寻求仙药。有汉一代，继承了楚国敬鬼修仙的风气，认为人死之后灵魂会通天升仙，神树便展现出它连接天地的阶梯作用。"摇钱树"上多有民间崇拜的西王母形象，到东汉后期还出现了刚刚传入中国的佛教形象，西王母是执掌不死之药、主人寿命的至尊之神，佛教倡导死后通往西方极乐世界，这些形象更加突出了墓葬中神树的升仙功能。加之四川盆地物产丰富，经济发展也刺激了人们对金钱财富的追求，神树也开始挂满钱币。

用世俗的眼光看，满树的钱币代表墓主人对财富的追求。但仔细查看，就会发现每个钱币的边缘都有四射的光芒，它的原型还是停歇在树上的太阳。仙山、太阳、神鸟和仙人，东汉时期四川地区独有的摇钱树的构成元素，与三星堆青铜神树如出一辙，它们表现的都是"通天升仙"这一主题。只是东汉时期的民间信仰复杂、装饰风格多变，将神树逐渐世俗化了。

太阳神鸟金箔

照耀古今的光芒

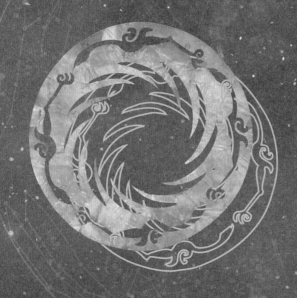

◎ 太阳神鸟金箔

馆藏：成都金沙遗址博物馆
出土：四川省成都市金沙遗址
年代：商周

眼前晃过的这道耀眼的金芒，仿佛普照大地的神灵。一晃，离我们 3000 年前的太阳神鸟，已经近在咫尺。

它是四川金沙遗址中最令人惊艳的形象。这是一张外径 12.5 厘米，厚仅 0.02 厘米，含金量高达 94.2% 的金箔。

它是人类的生命之光。全世界五大古代文明的发源地，都无一例外地出现过太阳崇拜。

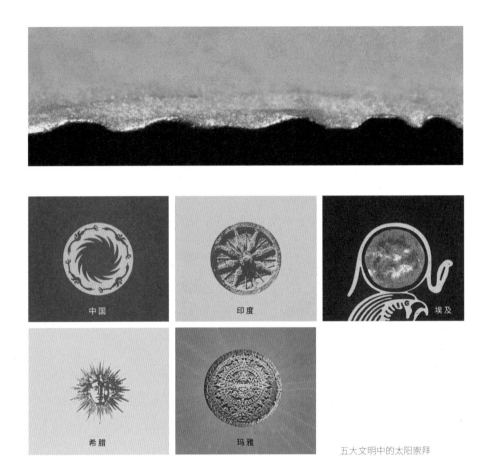

五大文明中的太阳崇拜

这轮可以放在手掌上的太阳，自始至终都是个谜。有人说，旋转的火球是太阳神，四只鸟是太阳神的四位使者，寓意东西南北四个方位。有人说，旋转的火球是太阳，四只鸟是托负太阳在天上运行的神鸟，讲述着中国金乌负日的古代神话。有人说，四只鸟首尾相连，循环往复，代表四季，十二道太阳金芒代表十二个月。四和十二都暗合着天数，自然送给人类的礼物，被古蜀人用世界上最珍贵稀有的金子，在一个巴掌大的地方勾画出了古蜀人的宇宙印象。

四个方位 　　　　　　　　　　　　　　　　　　　　 四与十二

　　太阳照耀着古蜀大地，特殊的地貌造成特殊的气象，古蜀先民从微妙的自然现象里去解读太阳和季节运行的规律。古蜀人所创造呈现的形象，早已超越肉眼所见。它是一种符号，一种象征，指代想要呈现的神圣事物。目形器、鸟形器，其实都是与太阳有关的象征性符号，是古蜀人对光的理解和对大自然的认知。这与年代更早的三星堆似乎如出一辙：太阳轮、鸟、目等等，都是不断出现的和太阳相关联的符号。这些像阳光一样散发着璀璨光芒的金器，仿佛是金沙人最迷恋的圣物。

青铜小立人

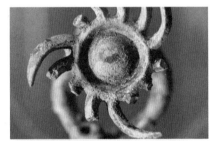

鸟

眼形器

太阳轮

　　这里是太阳神鸟金箔的发现地。据专家们分析，这一带应该是专门用于祭祀的滨河场所。九个呈方形、排列整齐的大型柱洞，很可能是承托祭台之用。周边一个又一个祭祀坑，放满了成堆的巨大象牙，还有鹿角、野猪獠牙以及玉器、金器、石器。这是 3000 年前河边的一场盛大的祭祀，这些财富并非献给人的，而是献给自然的。

金喇叭形器

金冠带

祭台

中国文化遗产标志

当人类逐渐远离了神巫世界之后，就再也无法破译太阳神鸟金箔的真正含义。

2005 年，太阳神鸟从 1600 余件候选图案中脱颖而出，被选为"中国文化遗产标志"，成为数以万计的中国文化遗产的代表和象征。

太阳神鸟，20 克黄金里的宇宙。在这 0.02 厘米厚度记录的宇宙时光里，我们如一粒微尘般存在。

古蜀文化中的眼睛

古蜀文化最引人瞩目的便是各种形态的"眼睛"。无论是青铜面具上突出眼眶二三十厘米的眼睛、青铜人像上的杏核大眼，还是包括有完整、一分为二、一分为四多种形态的眼形器。就连"蜀"字的上面，都是一个大大的眼睛，在甲骨文中尤为明显。这些夸张而巨大的眼睛，构成了古蜀文化特有的眼睛崇拜。

甲骨文 蜀字

眼形器

关于这种眼睛崇拜的来源，有一种说法是蜀人对巨目的崇拜来自于蜀国先王中的蚕丛。《华阳国志》记载："蜀侯蚕丛，其目纵，始称王。"以致蚕丛死后，蜀国之人将其墓葬称为"纵目人冢"。后世学术界一直在争论何为"纵目"，大多猜测是竖着生的眼睛。直到发现了三星堆遗址，才知道"纵目"是指青铜面具上如圆柱般高高凸出的眼睛。而在三星堆出土的众多青铜面具中，拥有"纵目"的铜像是体积最大的，显示它特殊的地位。纵目面具，甚至古蜀人的眼睛崇拜，可能是将先王蚕丛特点的夸张放大，用作祭祀和崇拜的神像。

纵目形面具器

　　结合三星堆出土的另一件纵目面具，它的前额处伸出长而卷曲的夔龙形装饰。《山海经·海外北经》中记载一位神人名叫烛龙，他"人面蛇身而赤，直目正乘"。烛龙的眼睛是直目，也就是纵目。关于烛龙最重要的记载是：当烛龙闭上眼睛时，天下便是黑暗，它睁开眼睛时，天下一片光明，这似乎是太阳的能力，也是眼睛崇拜的力量。古蜀的人们用眼睛来代表太阳和光明。他们的神明或者祖先就拥有不同常人的巨大眼睛。铜像中巨大而突出眼眶的瞳仁，表现这个神明具有控制光明的神力。古蜀文明中的纵目青铜面具也许与烛龙崇拜有关。

西周青铜盂上的兽目

带冠纵目面具

金沙遗址出土青铜眼形器

古蜀人对眼睛的崇拜从三星堆遗址一直延续到金沙时期。这时候的古蜀人不再追求突出的眼球，转而变为平面的造型。金沙遗址出土的青铜眼形器，瞳孔变为圆形，内眼角勾回明显，外眼角向上挑出，这样的造型显然是受中原的兽面纹的影响。金沙时期，古蜀人与中原沟通往来密切，对外来艺术形式也有较高的接受程度。

古蜀文化中的金器

古蜀人喜爱金器，他们将纯金捶拓得很薄，延展成厚度只有2~5毫米的金箔或金片，再如同剪纸一般剪出想要的形状，有的还在表面錾刻花纹。除了著名的太阳神鸟金箔外，还有蛙形金箔饰、金面具、金权杖、金冠带、金喇叭形器等。

金器作为珍贵的金属，产量很少，所以佩戴金面具的青铜人像一定具有更崇高的身份和尊贵的地位。在三星堆遗址出土的57尊青铜头像中，只有4尊装饰有金面具。

金沙遗址中青铜人像和面具数量已远不如三星堆遗址，但出土了两件金面具。其中较大的一件宽 19.5 厘米、高 11 厘米，与三星堆遗址出土的青铜人头像大小相当。造型也保持着三星堆时期的造型，同样有粗厚的眉毛、菱形的眼廓、双耳有巨大的穿孔。而小金面具尺寸要相差很多，只有 4.9 厘米宽、3.9 厘米高，这件金面具眉毛弯而细，从方阔脸型变成小而圆的下巴，眼睛的轮廓变成了椭圆形，耳朵上也没了耳洞。如果说古蜀文化一直以先祖或国王形象作为面具的原形，那么这件小金面具外貌的改变，也许暗示了权力族群的变化。

大金面具

小金面具

虽然没有古蜀人信仰的文献资料，但太阳神鸟金箔上镂空了四只飞翔的神鸟和有十二道光芒的太阳，正和中原地区的"日中有踆乌"文献记载对应。中原地区的民间信仰中，普遍相信太阳是靠三足乌背负在天上运行，即"金乌负日"的传说，三足乌或金乌就成了太阳的别称。而关于月亮的传说却有很多种，有的传说月亮是靠白兔驮负运行，便有了"乌飞兔走"这个形容日夜交替、光阴流逝很快的成语。还有的传说认为月亮中的动物是蟾蜍，嫦娥奔月后居住的场所也被称为"蟾宫"。而古蜀文化也出土了八件蛙形金箔饰，只是不知它们最初是作为何物的装饰。按照中原的风俗，也许它们是与太阳神鸟金箔对应的、古蜀人祭拜月亮的礼器。

嫦娥奔月 汉画像砖

在三星堆的祭祀坑中发现有一个长条形的金片，出土时已扭曲变形，被压在其他器物之下。经过修复整理，才发现它的重要意义——这是一根世界上最早的金杖。

这件金杖是把捶打得很薄的金片包裹在木杖上制成的，木杖经千年已炭化成木屑，只留下表面的金片。经过复原，金杖长 143 厘米，直径 2.3 厘米，用金 463 克。在金杖

金沙遗址出土蛙形金箔饰

的表面錾刻有精细的纹饰：人面像头上戴着五齿高冠，耳洞下垂着三角形的耳饰，整个造像与青铜大立人相同。上方两只鸟头部相刈、下方两条鱼背鳍相对，鸟纹上叠压着一支带有尾羽的箭，箭头深深地插入鱼头内。头戴冠的人头像与三星堆出土的其他神像类似，应该是表现某位祖先或神灵。金杖上雕刻的鱼纹和鸟纹，有的学者认为这是蜀人对鱼和鸟的崇拜，可能与古蜀王"鱼凫"有关。还有的学者认为鱼头被箭插入标明了鱼和鸟的对立关系，有可能是蜀国两个不同氏族发生了战争。

三星堆金杖出土现场

三星堆金杖纹饰线描图

有趣的是，2001 年在金沙遗址祭祀坑内又发现了一件金带，其上的纹饰与三星堆金杖基本相同。经修复后，金冠带宽 2.8 厘米，全长 61.5 厘米，围成金圈后直径只有20 厘米左右，不能作为腰带使用，专家们推测应当是戴在头上的金冠带。这件冠带很薄，结合三星堆和金沙出土的金面具都是附在青铜人像上的装饰，这条冠带应该是古蜀国王头冠上附着的黄金装饰。

金沙遗址金冠带的鱼、鸟、箭三种纹饰的组合与三星堆金杖纹饰内容相同，只是金冠带上出现一种抽象纹饰，有学者认为它是人面纹，用两个同心圆圈纹表示头部，其中小圆圈和上下短横道代表人的五官；或者这是太阳纹的另一种表现形式。这两件金器向我们透露出这样一个信息，即三星堆遗址与金沙遗址的统治者在族属上的同一性或连续性。三星堆古城废弃后，古蜀人开始迁徙到成都附近居住，形成了以金沙遗址为祭祀区、十二桥遗址为宫殿生活区的古蜀国晚期文化。

大克鼎

一本打开的青铜之书

大克鼎

馆藏：上海博物馆
出土：陕西省宝鸡市扶风县
年代：西周孝王时期

上海博物馆内，一场特殊的拍摄正在进行。三维全息摄影，采集文物的完整信息，并依此建立超高清的三维模型，许多正常视角无法看到或者忽略的细节，将被一一呈现。

释文
穆穆朕文且师华父，恩襄（讓）氒心，宁静于猷，淑哲氒德。

大克鼎——上海博物馆的镇馆之宝，鼎高 93.1 厘米，口径 75.6 厘米，重达 201.5 千克。然而，它的价值并非由于巨大的体量，或者古朴的造型，而是藏在内壁上这些神秘的文字。它们将引领我们阅读周朝。

"端庄美善、文采斐然的我的祖父，冲和谦让的心胸，淡泊宁静的神思，清纯智慧的德性……"这本青铜铸造的书，以赞美之词开场。一个叫作克的贵族，刚刚接受周王的官职任命，而这项任命得益于祖父当年辅佐周王的功绩。西周时期的官职采用世袭制，青铜器上往往可见赞美祖先功绩的文字。这种习惯正是出于礼仪的要求，所谓"藏礼于器"。

钟鼎文

乙卯·王令保及
殷東或（國）五侯·征（誕）
兄（荒）六品·威厤于
保·易（錫）賓·用乍（作）文
父癸宗寶尊彝·
遘（遘）于四方迨（會）王大祀
被（祐）于周·才（在）二月既望（望）。

保卣及铭文拓片

鼎在周代是最重要的礼器，皇室和贵族常把重要的事件铸刻在钟、鼎等青铜器上，这种文字被称为"钟鼎文"，也叫"金文"。这些钟、鼎就是一本本记载历史的青铜之书。

释文
易女叔市、參同（絅）中悤。易女田于野，易女田于澤，易女井家𠣪田于眣，以氒臣妾。

释文
克拜稽首，敢对扬天子不显鲁休，用乍文且师华父宝彝，克其万年无疆，子子孙孙永宝用。

大克鼎的内壁铸有金文290个字，这些字迹让久远的年代逐渐清晰起来。王说："赐给你红色的祭服，赐给你野地的田，赐给你耕种的田，还有土地上的奴隶。"大克鼎的内容涉及西周官制、礼仪、土地制度。它是一本青铜之书。

大克鼎除了历史价值，在中国书法史上也具有很高的地位。西周时期，青铜技术精湛，铭文能够充分体现书法的笔意。大克鼎290个字，字迹清晰，典雅整瞻，是西周晚期具有代表性的金文字体。在铭文的最后，克再三祈愿："天子的美意，祖先的恩泽，万年无疆，子子孙孙，永远享用。"但永远只是一个美好的期盼，大克鼎铸成不久，周朝衰落。春秋争霸，乱世之下，克的子孙又能去哪里安身呢？

商鞅方升上的小篆

　　秦灭六国后，中国文字用小篆取代了金文。汉朝以后，青铜器逐渐退出历史舞台，青铜的书页彻底合上，从此湮没在历史的尘埃中。直到 1890 年，大克鼎在陕西省扶风县一处窖藏里被发现，人们才知道，两千多年前有一个叫作克的男人，因为祖父的功绩被周王封了官，赐予了大量的土地、衣服，甚至奴隶。在他人生的荣耀时刻，他感念自己的祖父，希望自己的子孙也能永远享用这份荣光。

大克鼎

现藏于上海博物馆的西周青铜器大克鼎，以其巨大宏伟的造型、流畅对称的纹饰和字迹优美的铭文，成为该馆众多珍贵文物中的镇馆之宝，更与现藏于中国国家博物馆的"大盂鼎"和台北故宫博物院的"毛公鼎"并称"海内青铜器三宝"。在每一件珍贵文物的背后，都有属于它的故事，而大克鼎的故事发生在西周早中期。

从大克鼎的铭文可知，该鼎是属于一位名叫克的膳食官。铭文记载，克的祖父师华父协助周恭王整治政务，深得王室和百姓信任，即使去世后仍受世人怀念。周王念及师华父的功德，就任命师华父的孙子克为王官，担任膳夫一职，并赏赐克礼服、很多田地和男女奴隶。

大克鼎

为了纪念天子的恩赐和祖父的功绩，克特意铸造了此巨大的青铜鼎，并在鼎里铸下铭文，以为记载。大克鼎的铭文内容分为两段。第一段是克赞颂他的祖父师华父品德以及师华父辅协王室、安定内外等政绩。第二段是记载克得享祖父的余荫，受周王任和赏赐，为此制作大克鼎，使子子孙孙能记住天子的美意。

鼎是煮食器皿。但在西周时期，鼎不仅仅是生活工具，更是身份权力的象征。西周贵族再生时守住他们拥有的青铜鼎，更在死后以青铜鼎陪同入葬，可见他们对鼎的重视。

相传禹将天下分为九州，并以天下九牧所贡之金铸成了九个大鼎，在各鼎刻有各州的地理情况，自此"鼎"成为王权的代名词。根据西周礼乐制度，鼎可用于"明贵贱，辨等列"。《春秋公羊传注疏》有"天子九鼎，诸侯七，卿大夫五，元士三"的说法，

大盂鼎

毛公鼎

如果依从制度的话，只有诸侯地位才可以使用七鼎。但是在出土文物之中，我们发现除了大克鼎之外，克还铸造了七个小鼎和编钟等青铜器。作为一名膳夫能拥有七鼎，身份尊贵可见一斑。学者认为西周早期和中期，列鼎制度仍未成为定制，时有同级的贵族拥有不同数量的青铜鼎，至西周晚期，列鼎制度才成为规范。膳夫克受到周王的赏识，赐予官职和田地，并能拥有七鼎，虽不是诸侯，也是地位不低的贵族。

此外根据铭文记载，克虽为膳食官，掌管天子的饮食，却兼任起宣召王令等职务，膳食官虽为近臣，但负责饮食的臣子能传达王令实为奇怪。有学者就认为"膳夫"也通"宰夫"，因此掌治朝之法、出达王令乃分内之责。

大克鼎上290字的铭文，除了告诉人们西周时期膳夫克的故事，也给学者提供了西周官位定制、礼乐制度、田地等信息，具有很高的历史研究价值。关于西周时期大克鼎的种种故事，我们可以透过铭文去了解。至于近世的大克鼎，其流传经过也十分传奇。

大克鼎一般被认为是光绪年间在陕西宝鸡任村出土。清代流行金石学，文人雅士以收藏和研究甲骨、青铜器的文字为兴趣，咸丰二年考取探花的潘祖荫就是其中之一。潘祖荫多年收集的藏品非常丰富，除了青铜和甲骨，也有各种经典书籍，在他的收藏中，最有名的莫过于海内三宝之一的大盂鼎。饶是如此，潘祖荫仍希望可以为他的收藏增添一笔，于是他积极搜罗，终寻到与大盂鼎体型相似的大克鼎。

潘祖荫去世后，潘家一直为他守护着大盂鼎和大克鼎等珍贵文物，期间先有两江总督端方对二鼎虎视眈眈，后有美籍华人以高价诱使出售，但都被潘家一一拒绝。20世纪30年代，国民党以开办展览会为名，要求潘家拿出两口大鼎作为展览品，企图把二鼎收归所有，但最终都被潘家化解。到了抗日战争之际，有感在战乱之下，要保护两口如此巨大的青铜鼎甚为困难，为避免文物受战争摧残，潘家把两口大鼎深埋在宅院之中。期间日军曾到潘家搜查，但埋藏在地下的大鼎始终没有被发现，得以保存。

潘达于与捐赠的大盂鼎、大克鼎

直到新中国成立之后，潘家的后人潘达于女士有感青铜鼎还是由国家保护为好，更可以让人们观赏到这些历史文物之美，于是决定把大克鼎无私捐赠给上海博物馆。

最初膳夫克为了纪念祖父和天子赏赐而铸造大鼎，并期盼这口大鼎能让"子子孙孙永宝用"。到清代时期，大克鼎重见天日，历经战争灾害，全赖爱惜古物之人的保护，才得以保存下来。一口青铜鼎从两千多年前保留到现在，实在不易。这口重达201.5千克的大鼎，它的份量不止来自浑厚凝重的青铜，更是因为承载着古和今的历史故事，并把故事一一带到我们面前。

（连泳欣）

古滇国贮贝器

走下神坛的牛虎

牛虎铜案

馆藏：云南省博物馆
出土：云南省昆明市晋宁区石寨山
年代：战国

这是一个血腥的瞬间，一只猛虎用力撕咬着母牛的尾部，虽然有一对可以刺穿老虎的巨大牛角，但母牛还是隐忍着和老虎僵持。死亡显而易见，它要护住肚子下那头天真的小牛。这是两千多年前战国时期云南滇池抚仙湖一带的古滇人在向神灵诉说的心愿。

从战国到汉武帝近五百年间，在云南滇池附近存在着一个滇国。关于滇国，文字的记载寥寥可数，但通过出土的青铜器，人们可以触摸到这个神秘的国度。

　　这件青铜器叫牛虎铜案，是一个祭祀中摆放供品的礼器。作为沟通神灵的神圣之物，它表达了古滇人对生死的看法：死亡中孕育着新生，生命在不断地代谢。这是对生命的赞美，对繁衍的渴望，对超自然力量的崇拜。如此深沉的情感，如此抽象的思考，表现得质朴、狂野。

　　几百年转瞬即逝，古滇国青铜器逐渐从神坛走向了人间。铸造于西汉的贮贝器，牛与虎的故事还在上演，但结局已经完全不同。老虎的后腿被牛角挑穿，刺穿虎腿的牛，血脉偾张，神态威凛，围堵老虎的牛警觉稳重，旁边还有两只受惊的猴子和飞逃的鸟。

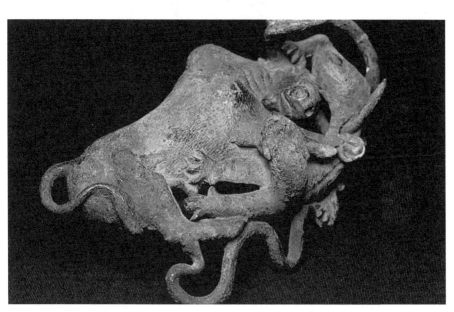

　　贮贝器是古滇青铜器中的独有器物，是滇王和贵族用来盛放海贝和珍宝的宝箱。铸造"牛虎搏斗贮贝器"的工匠，一定是个胆大心细的野外探险家，他观察到自然界中弱肉强食的丛林生态，并把它照应到现实社会。彪悍的野牛把百兽之王逼入绝境，仿佛就是贮贝器主人征服劲敌、威震四方的写照。

　　西汉以来，贮贝器上出现了大量现实生活的场景，祭祀、战争、狩猎，

这些不仅是古滇人生活的缩影，更是滇王和贵族们权力的表现。几百年间，那位胆战心惊祈求神灵保佑的滇王，他的后代已经成长为自信高傲的君主。

云南各处出土的贮贝器约有百件，随着时间的脉络，能清晰地解读到古滇国青铜器从表达神性到表达人性的变化。东汉年间，古滇国灭亡，于是，青铜器与古滇国一起逐渐消失在了历史的烟尘中。但即使是今天，如果你走在云南的狂野山间，或在某个少数民族的旋律和舞姿间，仍能随时感受到狂野、质朴的生命力。

贮贝器

云南地处我国西南高原地区，文献中关于云南古"滇国"的记载大都源于《史记·西南夷列传》，内容仅涉及其在秦汉之际的政治记录，如汉武帝赐滇王印等，最后古滇国消失在地方动乱之中。1956 年，考古学家在云南石寨山的一处墓群中发现一枚西汉时期的蛇钮金印——"滇王之印"，就此，沉默于寥寥文献中的"滇国"进入人们视野。

考古发现的古滇国青铜器具有浓厚的地域色彩和独特的艺术风格，是我国青铜文

石寨山型铜鼓

明的一个重要组成部分。其中最富于特色的是表现祭祀、战争、播种、纺织、放牧、狩猎、舞蹈宴饮等立体雕铸场面的铜鼓和贮贝器。铜鼓是我国西南最具有地方特色的青铜器之一。在西南早期先民的原始信仰中，击鼓可通神灵，铜鼓早期是权力的象征，后来演变成祭祀礼器。云南省博物馆馆藏一件石寨山型铜鼓，年代为西汉时期，整个鼓的造型给人一种圆润可爱的感觉；鼓面有发散的光芒太阳纹，一圈一圈的几何纹饰给人一种宗教上的神秘感；鼓上部突出的胴部上有几位古滇人，他们在船上奋力划桨，划累了还不忘带上灶台和炊具搞点饭吃；鼓腰部被垂直的花纹带划分为若干方格，格中常见羽人、牛、鸟，内容可能与南方农耕民族祈年求雨的仪式有关。学者推测釜是

鼓的最原始形态，考古出土的铜鼓有的鼓面也有炊烟的痕迹，也许铜鼓除作为礼乐器外，兼具炊器的功能？这样看古滇人有些实在得可爱了。

贮贝器，顾名思义，因为出土的大部分此类器物中存放贝壳而得名，但学者认为贮备器更多的是象征意义，它代表着主人的财富地位。经生物学家检测，石寨山发现的贮贝器中的贝壳属环纹货贝，产自太平洋和印度洋，在遥远的年代，它们通过古老的商路，越过山和大海来到内陆的高原地区。贮贝器也是滇国特有的青铜器，存在了大约三四百年，最后随着滇国的没落而消亡了。贮备器盖上面雕铸的有战争场面中的将领、监督纺织生产活动的贵妇人等，内容极为丰富。中国国家博物馆馆藏一件西汉时期的诅盟场面贮贝器。诅盟为古代西南民族中极为盛行的一种风俗，凡有重大事件都要举行典礼、设立祭坛、供奉祭品，用盟誓来约束。这件贮贝器两侧趴着两只猛虎，底部也是兽爪形的足；器盖上有一座干栏式房屋，

乳钉纹青铜方鼎

祭祀场面贮贝器

227

房屋下的高凳上坐着一位主祭人，周围放着 16 面铜鼓；除主祭人外还有各种人物 120 余人，在这个典礼上各司其职，完成这个在他们心中神圣却又有些许血腥的场面。

很多青铜器上装饰动物造型或图案，有的富于趣味，有的残忍而真实。在动物图像的表达中，牛和虎的造型占很大一部分。牛，不仅展示着财富和地位，更是古滇人祭祀中的重要角色。牛形象经常出现在与财富权力或祭祀相关的器物上，如前文提到的铜鼓和贮贝器。除此之外，还有单独的铜牛头和表现野兽撕咬的铜扣饰。中国国家博物馆的另一件藏品——七牛虎耳青铜贮贝器，同样出土于云南石寨山。贮贝器两侧依旧以两只猛虎作耳，器盖上铸七只顶着巨角的牛，中间一只牛伫立在铜鼓之上，仰天长啸，器宇轩昂。云南省博物馆馆藏一件战国时期的立牛葫芦笙，顶部的立牛的角又长又翘，整个造型显得自然生动；拖着尾巴、扭着背部的小牛好像刚刚爬到葫芦笙顶端一样，十分可爱。学者认为这件古乐器的演奏方法应与现代葫芦笙相同，今天的云南，也有很多人以葫芦笙作乐，载歌载舞。

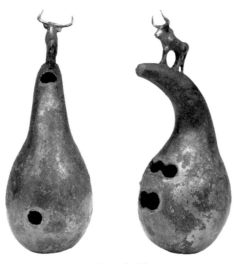

立牛铜葫芦笙

青铜器上的饕餮纹饰

古滇国还有一类表现猛兽搏斗的青铜扣饰，造型生动，情景、场面都十分精彩。如云南省博馆藏的一件西汉时期的虎牛搏斗扣饰记录的是一个生死瞬间，猛虎咬住牛的前腿，牛角也刺穿虎的身体。将真实的自然重现在艺术品上是古滇国艺术家的审美与追求。自然、纯粹的野性也许是这些动物造型器物的灵感来源。

相对于中原为人们所熟悉的青铜文明而言，云南古滇青铜文明多立体造型，青铜多与宗教信仰有关。中原青铜文明意义在于政治统治，如周代用鼎制度的规定，"天子九，诸侯七，卿大夫五，元士三"；鼎还要分为用于烹煮的镬鼎、盛熟肉的升鼎和放佐料的羞鼎，这些制度为的是突出一种原始统治力量。而且中原统治者喜爱营造一种恐怖的氛围，用抽象的怪兽纹如饕餮纹，以生活中不存在的、具有象征意义的怪兽形象去表达统治阶级的威慑力。相对而言，古滇青铜器多生活场景的再现，那里的统治者似乎更喜欢写实的社会生活和自然界中真实的野性。

（陈坤）

莲鹤方壶

莲花怒放　仙鹤欲飞

莲鹤方壶

馆藏：河南博物院
出土：河南省新郑市李家楼郑公大墓
年代：春秋

再也没有谁比它更物如其名：一朵莲，一只鹤，组成了它的名字——莲鹤方壶。仙鹤展翅，溅起的水波，惊动了莲花绽放的花瓣，也惊动了千年时光的碧波，这是青铜时代的绝唱。

莲鹤方壶是一件巨大的盛酒器。底座是两只侧首吐舌的怪兽，壶体四面各有一只神兽，壶颈两侧装饰有龙形双耳。它已经数千年不曾盛酒，但依然盛满时光之酒的狂野，迷醉了此刻。

莲鹤方壶很符合我们对商周青铜器的既有印象：狰狞恐怖，令人望而生畏。那时，青铜器是政治和权力的象征，主要用于祭祀，需要具有极大的视觉震慑力。于是，现实中具有攻击力的蛇、虎等，加上幻想中的翅膀、巨目，组合成当时流行的兽面纹、蟠螭纹。大睁着的兽目，彼此缠绕的无角龙，长有双角、双翼的怪兽，这些形象冲出了当时创作者最纯真直觉的幻想，就像模板一样，装饰在当时各类青铜器上，把青铜器"打扮"得恐怖吓人，以展示所有者的威严和地位。

然而，在这些怪兽和蟠螭之上，方壶的顶部向我们展示了另外一个世界：怒放的荷花中站着一只欲飞的仙鹤。

莲鹤方壶壶身的局部　　　　　　　　　　　商周时期的青铜器局部

　　莲鹤方壶出土于郑公大墓。两千多年前的郑国在《诗经》中是一个自由的存在。"山有扶苏，隰有荷华"，大片盛开的荷花间，姑娘与小伙含笑打趣，一切轻松而美好。也许当时当地的这种气氛弥漫成为郑国之风，制造莲鹤方

壶的工匠将荷花盛开在青铜器上，凝重得以盛开成一种轻盈。

汉代以来，青铜器逐渐为铁器、漆器和瓷器所取代，但是中国人对莲与鹤的想象却不曾停止。"出淤泥而不染"的莲花进入了诗人们的诗行，成为

仰覆莲花尊 北齐　　　　　　　　　铜鎏金莲花 唐朝

品格的象征。飞翔于天地之间的鹤飞进了神仙的传说，成为能沟通天地的仙鹤。

而春秋时期的莲鹤方壶上，关于莲与鹤的想象仿佛还处于萌芽时期，鹤还没有占据主体位置，普通人乍一看，以为上面站了一只小鸟。

一只小鸟，带来一片天空，将硕大壶体的重量感化为流动飞扬，与前朝肃穆、庄严的青铜器区别开来，流露出驱陈纳新的气象。新与旧在一个壶体中融合，这也昭示着，脱胎于老成持重的西周，经历大变革的东周，正在开始一场盛放，它展翅欲飞，抬头仰望着此后两千年中国的天空。

东周青铜器

　　春秋时期，周王室式微，各地诸侯野心勃勃，从此开启了延续三百余年的"大争之世"。这种纷争是为了生存，弱小就要灭亡，落后就要挨打，彻底的变革才能适应时代的变化。无论政治、经济、军事、文化，凡涉及社会生活的各个方面，都卷入到这场全面彻底的变革中。在这个权力斗争的残酷时代，旧的文化制度崩溃了。西周等级森严的分邦建国制度变为了各国间的纵横捭阖，强者称霸。孔子将战乱征伐的局面归结于"礼崩乐坏"，试图恢复西周的礼法、雅乐制度来维持旧的等级秩序。可惜大变革已经酝酿出文化的百家争鸣，社会已经回不到旧时代了。

　　各个国家脱离了周王室的礼教束缚，青铜礼器的铸造也不再由周王室独揽。各地诸侯王开始大规模铸造带有本地风格的青铜器，无论器型还是纹饰都开始有所改变，展现出各地不同的风格。

　　东周列国的青铜器按地区可大致分为几大区域。黄河流域的齐、鲁、燕、赵、汉、魏等为北方特色；江淮、汉水流域的楚、吴、越等为南方特色；四川巴蜀和云南滇国的青铜器呈现出与中原截然不同的风格。这些风格差异来自于各地风俗文化的不同，与所处的自然环境有很大的关系。

　　各国青铜器造型和纹饰不再像西周那样神秘狰狞，取而代之的是各国王室所喜爱的华美风格和写实的世俗气息。礼制没落，各国开始不顾及周王那套按级别确定礼器、乐器规模的规矩，有的开始僭越地享用天子才能拥有的青铜器，有的干脆将礼器变回实用器，回归它们本来的面目，有的创造出更多新的器形。至此青铜器更多走进日常生活，造型风格也从厚重庄严转变为简朴轻便。

　　栾书缶

　　"缶"是盛装酒水的容器，多是陶器，只有在大型墓葬中才出土有青铜缶。秦人

栾书缶

喜欢在宴饮之时一边击缶打拍子，一边唱歌。秦王宴请赵王时，请赵王弹瑟助兴并让史官记录下来，蔺相如认为这有损赵王威严，就以性命相逼秦王击缶，为自己的王扳回颜面。

　　这件缶上有五行四十字铭文，表明是子孙们为祭祀栾书所作。错金铭文字形规整，至今熠熠生光。青铜器上的错金工艺是春秋时期出现的新工艺，栾书缶便是目前能见到的最早采用这种工艺的器物。错金工艺复杂，用更昂贵的金属将赞颂祖先的铭文装饰得非常夺目，表明制作者对祖先功绩的尊敬和对这件器物的重视。但这件重要的青铜器竟然没有任何纹饰装饰，它抛弃了饕餮纹、夔龙纹等想象中的恐怖动物，也去掉了青铜器的神秘性。素面器形上只有实用的环形耳，这在商代和西周时很难想象，它展示了大变革时期的青铜器造型新范式。

王子午升鼎

王子午升鼎

多件造型、纹饰相同的鼎排列使用，尺寸一件比一件大，称之为"升鼎"。在河南淅川下寺楚墓中出土了一套升鼎，按大小依次排列一共有七件。从铭文上看，这套升鼎属于楚国的王子午。按照周朝的列鼎制度，诸侯才能享用七鼎六簋。作为春秋五霸之一——楚庄王的儿子，王子午早已不顾及周代礼教。

只需一眼，就能发现王子午鼎与中原鼎有明显的不同。两个鼎耳向外撇出，旁边是六条装饰复杂的龙形怪兽，它们的角勾连交错，立体感十足，是用失蜡法铸成后焊接在鼎上的。王子午鼎虽然为圆形鼎，但它却像方鼎一样为平底。它也一改圆鼎能盛放食物的外鼓造型，采用了比口和底都窄小很多的束腰，如同被腰带紧紧缠绕一般。《墨

王子午升鼎（5件）

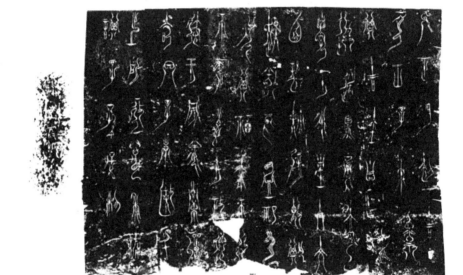

王子午鼎铭文

子》中记载，因为"楚王好细腰"，所以他的大臣们都束紧腰部，腰带太紧以至于扶着墙壁才能站起来。以细腰为美的楚国风尚，也被用在了青铜器上。

王子午鼎上的铭文一改早期金文的厚重沉稳，采用了装饰感极强的鸟虫书。修长秀美又难以辨认的铭文、与中原完全不同的束腰造型、失蜡法这种新技术创造出的立体怪兽，这些都构成了极具楚国风格的铜鼎。随着楚国国力的强盛，这种风格也影响了周围的附属国家。

郑国地处中原腹地，土地肥沃，是周围国家艳羡的对象。但是郑国四周没有天险守卫，又处在周边大国的夹缝之中，列强争霸常常将郑国当作战场。楚国国力强盛之后觊觎中原，郑国便成了楚国北上的必经之路。郑国为求生存，政治外交上只能依附强大的楚国，有时也依附晋国。

莲鹤方壶上也能看出郑国对楚文化的归顺。壶底两只怪兽头转向一侧，头上有卷曲的角，眼睛突出，伸着长长舌头，它身体蜿蜒扭曲，拖着一条尾巴，这是典型的楚国神兽造型，与河南淅川徐家岭出土的楚国神兽如出一辙。而立于壶顶莲花中的仙鹤，则代表了郑国人对生活的热爱，这是他们开启的一种新风尚，也是那个百家争鸣时代的绝佳写照。

吐舌神兽

曾侯乙尊盘

复刻传奇

曾侯乙尊盘

馆藏：湖北省博物馆
出土：湖北省随州市擂鼓墩曾侯乙墓
年代：战国

曾侯乙尊盘，既是失蜡法的标志作品，更是青铜工匠的图腾。在尊盘上盘踞着上千只蜷曲的怪兽。蟠虺，是蜷曲的小蛇；蟠螭，是没有双角的龙。

尊盘出土后，就它的制作方法产生了巨大的争议。人们纷纷猜测两千年前的工匠到底是用什么方法把它们组合在一起的。直到一名工匠经过二十年时间，用失蜡法成功铸造了一比一的复制品后，尊盘的制造之谜才最终揭开。

这名工匠，就是曾经参与曾侯乙墓发掘的工作人员黄金洲。

黄金洲说："当时完全是凭兴趣，失蜡法没人做，我就开始顺着这个思路，想来看看失蜡法是怎么样的。这么多年，失败真的有几十次了，已经记不清了。开始就是用石膏搞一个大概的几何形状，阴刻刻成一个浮雕的石膏模型，定型了才开始再研究这个蜡模。"

从石膏到蜡模，这个过程虽然采用了硅胶这样的现代材料，但是制作原理与古人并没有本质区别。

黄金洲说："我感觉到，从这个失蜡法可以看出，我们老祖先的智慧是太大了。每次做的时候我都在想，我现在用的工具都是电啊、烙铁啊，那都不一样，两千多年前那个时候他们是怎么做的呢？真是非常艰难，我对我们的老祖先真的佩服崇拜得五体投地，真是那样的。"

古代没有机床，无法直接在青铜上雕刻，只能采用中介物质：石蜡。石蜡比较柔软，可以雕刻复杂的花纹，这是失蜡法工艺的开始。

蜡模雕刻完成，覆盖三层石英砂，反复持续两天，形成坚硬的外壳。随后，部件将进入火炉烧制，进入失蜡法最关键的工序。这就是失蜡法名称的由来，蜡水流失，形成空腔，成为铜水的血管。工匠的巧思随着看不见的脉络，在重力的作用下缓缓遍布空腔。当铜水凝固，厚厚的外衣逐渐剥离，尊盘的一个部件也就宣告完成。

一个小小的部件，即使是借助现代工具，也需要经过一个月的时间才能臻于完美。难以想象的是，那位制造尊盘的人，是以一种怎样的心境，怎样的意志，完成了一件如此复杂的作品，让两千年后的人们瞻仰、赞叹。

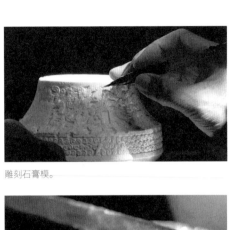

雕刻石膏模。

在石膏上涂硅胶。

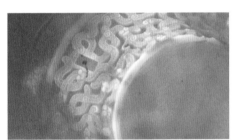

翻制硅胶模。

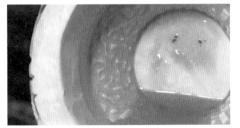

融化蜡水，倒入硅胶模，翻制蜡模。

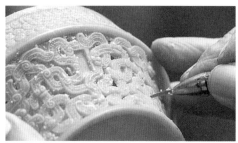

雕刻修整蜡模，组合成器。

在蜡模外覆盖耐高温的石英砂加固。

加热，使蜡水流失，留下可以铸造的模具。

将融化的铜水灌入模具中，待冷却后，敲开石英砂，取出铜器。

曾侯乙墓

中国的史书上并没有记载曾国，更不知道曾侯乙是谁。

春秋时期，吴王阖闾伐楚时，攻占了楚国的都城郢都，楚昭王出逃。《左传》中记载楚昭王"奔随"避难，随国不仅收留了楚昭王，还联合秦军护送昭王返回楚国。2013 年，在随州文峰塔发现了曾侯與的墓葬，其中一件铜钟上用 179 个铭文记载了这一事件，正是这位曾侯乙的祖父曾侯與保护了楚昭王，同时也证实曾国和史书中的随国是一个国家。从此曾国与楚国一直保持着良好的关系。"随"是曾国的首都，史书中是以都名代替了国名，"随"位于今天湖北省随州市，这个名称保留了两千年之久。有些历史已经被人们忘记，却一直被保留在地名中。

1978 年，在湖北随州擂鼓墩发现一座战国墓地，这就是著名的曾侯乙墓。这不是普通的土坑墓，而是开凿于红色砂砾岩之间。在墓坑上安放的由珍贵的楠木板组成的四个椁室，高达 3 米多。椁内放置着墓主人的彩绘漆棺和他多达 1.5 万余件的各类随葬品，其上也覆盖着木椁顶板。木椁外填塞防潮用的木炭六万千克，木炭外分层夯筑青膏泥、白膏泥，再铺盖 47 块巨形石板，其上再夯筑厚厚的泥土。经过这么多步骤，才完成这费时费力的丧葬礼仪。

曾侯乙椁室全貌　　　　　　　　　　曾侯乙墓中室的青铜器

　　曾国的地理位置靠近楚国，又与楚国保持着世代良好的关系。深受楚国文化浪漫神秘之风的影响，曾国的青铜器也带有楚国的装饰风格。曾侯乙墓出土的列鼎平底束腰，两耳外侈，蹄形足，鼎口边攀附着多条龙形怪兽。这与楚文化的典型器——王子午鼎的形制基本相同，只是没有王子午鼎繁复的纹饰。

　　曾侯乙墓中还有一件巨大而奇特的青铜器，它是由外套的青铜鉴和中心的青铜缶组合而成的。鉴和缶之间空间很大，用来放冰，冰镇缶内盛放的美酒，相当于最早的冰箱。冬天在冰冻的河面上开凿巨大冰块，拖入地下冰窖储藏，到炎热的夏天再拿来享用，这在周朝，甚至到了民国时期，都是贵族和有钱人才能享用的。2008 年北京奥运会上，在"鸟巢"国家体育场中央，2008 人同时击缶的声音震撼全场。而这 2008个缶的形象就来自于曾侯乙铜鉴。

曾侯乙冰鉴

曾侯乙鼎

2008 年奥运缶

　　曾侯乙应该是一名资深的音乐家，甚至是指挥家、作曲家。在著名的曾侯乙编钟及钟架上，共有铭文 3755 字，标明了钟的编号、标音及乐律理论。标音的铭文记述了每一个编钟不同敲击位置所发出的声音名称，乐律理论不仅记载了曾国的乐律名称，还记载了与楚、晋、齐等国家律名的对应关系。这些铭文类似一本详细使用说明书，也是一部重要的音乐理论专著。"曾侯乙作持"这五个字的铭文表示编钟的制作者和享用者。曾侯乙欣赏的音乐不仅仅只有编钟一种声音，而是一个庞大乐团的合奏。乐队中有编钟、编磬、鼓等打击乐器，还有十弦琴、漆瑟等丝弦乐器，笙、排箫等吹奏乐器。金声玉振，丝竹管弦，琴瑟和鸣，在这悠扬美妙的音乐中，用红色的漆杯，品尝着铜鉴中的冰酒，吃着彩绘漆豆中盛放的食物，这就是曾侯乙的日常生活。

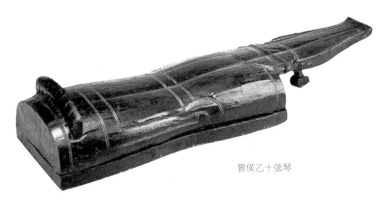

曾侯乙十弦琴

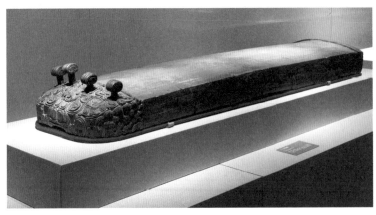

曾侯乙漆瑟

我们可以看到，曾侯乙墓中的陪葬品都有统一的楚国装饰风格。漆豆顶部三条相互缠绕的龙纹和器耳的浮雕龙纹，冰鉴的八个龙形耳钮和全身布满的蟠螭、蟠虺纹，虽然不是同一材质，都显示出楚文化的繁复和神秘。但它们的装饰的复杂程度还是不及曾侯乙尊盘。

商代时期的铭文是同青铜器一起铸造而成，笔划深且清晰，端庄厚重。而曾侯乙尊盘上的铭文是铸造完成后刻上去的，笔划浅细。铭文内容为"曾侯乙作持用终"，表明制作这件器物是让曾侯乙永久享用。可是仔细观看，会发现铭文中的"乙"字下有清晰的打磨痕迹。这说明原来的铭文被打磨掉后，再补刻的"乙"字。这件精美器物的真正所有者就成了疑问。有学者认为这组尊盘本是为曾侯乙的父亲或祖父铸造的随葬品，但因为失蜡法工艺过于复杂，再也做不出如此精美的青铜器，曾侯乙将父辈或祖辈曾侯的名号打磨掉，将这对心爱的尊盘永久安放在自己身边。

曾侯乙编钟

越王勾践剑

胜者为王

越王勾践剑

馆藏：湖北省博物馆
出土：湖北省江陵县望山一号墓
年代：春秋

生命是一片战场，战士都渴望胜利，因为失败的代价难以忍受。

在博物馆，有两把剑分别代表着胜利与失败，一把属于胜利者越王勾践；另一把来自于他的一生之敌吴王夫差。

剑被誉为百刃之君，是因为它最适合一击刺杀。它不像长矛那样远离敌人，也不能像刀那样挥砍自如，更不会像棍棒那样殴打弱者。一名伟大的剑客，只有把剑深藏在怀中，隐忍等待，当足够靠近敌人的瞬间，突然出击，刺出那决定胜负的一剑。以小博大、不欺老幼、善于忍耐，这既是剑的品格，也是君子的信仰。

在汉代画像石上，常常能看到剑客的形象。漆身吞炭的豫让，孤胆英雄专诸，一诺千金的季札，怒发冲冠的荆轲。视剑为生命的君子，从不在弱者面前耀武扬威。当利剑出鞘的一瞬，即使是万乘之主，也会惊慌失措。

现在，让我们回到最开始的那段故事——吴越争霸。

越王勾践杀死

这次辉煌的胜利中

其实，夫差并不是天生的失败者。他的父亲被越王勾践杀死，复仇的执念让他发动了第一次吴越战争，在这次辉煌的胜利中，勾践被围困在会稽山上。一代越王匍匐在夫差的脚下，成为一名马夫。三年的奴隶生涯，勾践让夫差彻底松懈，最终得到赦免。为了提醒自己不要懒惰，勾践睡在干草堆上，把苦胆悬在头顶，时时品尝。

勾践的机会终于到来了，在吴王夫差陷入北方战争的时候，他突袭了吴国的都城，刺出了最致命的一剑。姑苏城下，夫差成了战败者，他乞求宽恕，但勾践没有给他选择的权利。

胜利者可以尽情装饰自己的佩剑，那是属于王者的尊严。在这柄铜剑上，铸剑师采用了最上乘的材料，在没有实战价值的地方仔细打磨。剑身用锡金属熨烫出菱形花纹，剑柄镶嵌绿松石，底部的十一个同心圆整齐排列，让两千年后的数控技术都为之汗颜。

越王勾践吞并了吴国，成为春秋时代的最后一位霸主。当他手握宝剑，登上诸侯会盟的王座的时候，他知道，所有的忍耐都是值得的。千军万马在高呼万岁，一生的死敌已成为冢中枯骨，作为天下最有权力的男人，他的佩剑当然要足够炫酷，才能震慑住蠢蠢欲动的诸侯们。

吴越之战

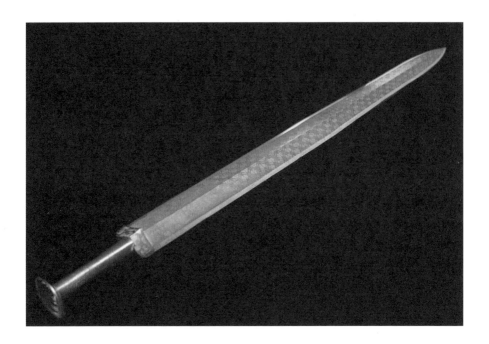

🔍 知识链接

鸟虫书

鸟虫书是篆书中的一种，它在大篆的规范书体下，融合了一些动物形象，能明显看出有鸟的嘴和长腿，笔画如虫蛇一般蜿蜒盘曲，还有的文字结合了鱼的纹样。鸟虫书的字形多瘦长纤巧，装饰性很强，但是很难辨认，即使识得篆书，也需要仔细地在鸟嘴虫身中辨认字体的主要结构。鸟虫书可以认为是最早的美术字体，开始盛行于春秋战国时期的吴、越、楚、蔡等南方国家，在青铜器铭文上最为常见，其中以兵器上更多。

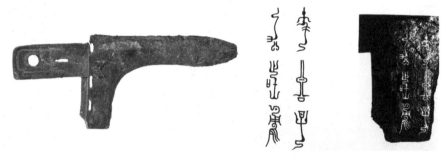

蔡公子加戈及铭文 "蔡公子加之用"

越王勾践剑靠近剑柄的位置，沿中间的剑脊对称刻有八个鸟虫书"钺王鸠浅，自乍用鐱"，在刻痕内镶嵌金丝后打磨平滑，就呈现出闪耀夺目的光泽。对这八个鸟虫书的辨识并不容易，其中"钺王""自乍""用鐱"六个字在以往考古发现的兵器中曾出现过，它们是古代的同音通假字，与现代用字有些不同。而最关键的两个字——剑主人的名字却无法识读。结合史书，越国自公元前510年称王起，经历了九位君主，进过考古学家和古文字专家的研究，"鸠浅"即是"勾践"的通假字，剑身的铭文用现代汉语释读即"越王勾践，自作用剑"，这才确定了这把千年宝剑的主人。

按考古发现的兵器时间排列，吴王阖闾时代的鸟篆铭文出现最早，只用在剑、戈

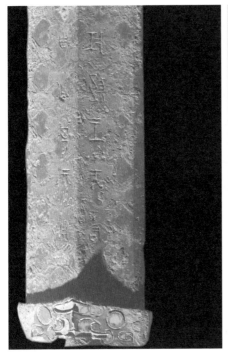

释文
攻吴王夫差，自乍其元用

释文
钺（越）王鸠浅（勾践），自乍用鐱（剑）

一类的兵器上。阖闾之前历代吴王的剑、戈，未见鸟篆出现，说明那时尚未发明鸟虫书。阖闾是夫差的父亲，作为太子时期的夫差还用嵌金的鸟虫书装饰兵器，但他当政之后便不再使用。可能因越王勾践杀吴王阖闾之后，套用吴国装饰风格，用鸟虫书制剑宣告胜利，大差因父之仇而废除这种字体。

鸟虫书一直流传至唐代，用途也从兵器铭文扩展到金石篆刻。在西汉，雕篆鸟虫书的印章是学童必习的课程。《北史·李浑传》记载，李浑对魏收言："雕虫小技，我不如卿；国典朝章，卿不如我。"在国家大事面前，雕刻鸟虫书只是微不足道的技能。这便是"雕虫小技"一词的来历。

剑客

剑客

贾岛

十年磨一剑，　霜刃未曾试。

今日把示君，　谁有不平事？

剑在中国兵器中是一种特殊的存在，而用剑的人也具有不同于常人的气质。打磨宝剑需要十年之久，自己也已经经过多年磨炼，身怀绝技，跃跃欲试，期盼能有明君识得自己的才能。唐代诗人贾岛所作的《剑客》便借描写剑和用剑之人，抒发了自己的理想抱负。剑客一旦遇到赏识自己的贤德君主，便怀抱着"士为知己者死"的信条视死如归，在历史上留下侠义之名。

豫让

豫让最初在范氏、中行氏府中做家臣，一直默默无闻。直到他做了智伯的家臣以后，才受到重用，而且主臣之间关系很密切。公元前453年，韩、赵、魏三家联手在晋阳之战中攻打智氏，智伯瑶兵败身亡。韩、赵、魏三家分割了智伯的土地，屠杀智氏家族二百余人，天下震惊。

豫让逃到山中，听说赵襄子竟然将智伯的头颅割下来用来饮酒，悲痛不已，说道："嗟乎！士为知己者死，女为悦己者容。今智伯知我，我必为报仇而死，以报智伯，则吾魂魄不愧矣。"

豫让躲在赵襄子的宫殿内企图刺杀，被赵襄子发现，感念于豫让的忠心，赵襄子释放了他。豫让不死心，用漆涂身，弄成满身癞疮，又吞下火炭，弄哑嗓音。他的形象连结发妻子见面也认不出来。之后在街市上乞讨，以伺机行刺赵襄了，可是又被赵襄子逮捕。临死前，豫让求得赵襄子衣服，拔剑击斩其衣，以示为主复仇，然后伏剑自杀，留下了"士为知己者死，女为悦己者容"的名言。

季札挂剑

季札

吴王寿梦有四个儿子，分别是诸樊、余祭、夷昧、季札。其中最小的儿子季札贤明有德，被誉为圣人的孔子都非常仰慕他。寿梦想将王位传给季札，但季札认为废长立幼不利于朝政，也不符合礼教，坚决推辞，最后退隐于山水之间，整日耕种。寿梦只能将王位传给长子诸樊，并嘱托按照兄弟次序将王位传递下去，最后好把国君的位子传给季札。

季札出访时路过徐国，徐国国君看到了季子佩戴的宝剑，十分喜爱。虽然他嘴上

武梁祠画像石中的"专诸刺王僚"

没有说什么，但脸色透露出想要宝剑之情。季子看出了他的想法，心中已经决定，但因还要出使他国，还不能将宝剑献给徐国国君。季子出使晋国返回后，徐国国君却已经去世了。于是，季子解下宝剑挂在了徐君墓前的树上。他的随从劝阻他说："徐君已经死了，这宝剑还要送给谁呢？"季子答道："当初，我在心里已经给他了，怎么能因为他死了而违背自己的诺言呢！"

1984年安徽马鞍山发现三国时期的朱然墓，出土有多件漆盘。这件漆盘中心绘制的就是"季札挂剑"的故事。盘心左方绘出坟和树，树上挂一把宝剑，中间穿红袍者当为季札，他面向树垂首直立，两手举于胸前，哀惋悲伤的神情被描绘得淋漓尽致，身后两随从在互相交谈。画面上部绘有山峰，山中也有两个人在悄悄对语，人物脚下为两只相互逐戏的野兔。故事画面外装饰白鹭啄鱼、童子戏鱼，盘边缘饰狩猎纹一周。这件漆盘堪称三国彩绘漆器的代表作。

专诸

吴王寿梦死后，诸樊、余祭依次都将王位传给了自己的弟弟，但夷昧死后，他的儿子僚违背了兄位弟嗣、弟终长侄继位的祖规而接替父位，因而本想继位的公子姬光心中不服，暗中伺机夺位。

伍子胥将剑客专诸推荐给公子光，公子光相当厚待专诸，并尊敬专诸之母。专诸感念其恩，以死相许，但念老母在堂，行刺吴王僚之事犹豫不决。其母知道事情后，为成全专诸自缢而死。专诸葬母后，便一心一意与公子姬光谋划刺僚之事，并献计说王僚爱吃"鱼炙"（烤制的鱼），可藏利剑于鱼肚，伺机刺杀。为此，专诸特往太湖学烧鱼之术，经过三年练得一手炙鱼的好手艺。

时机成熟，公子光准备酒席宴请吴王僚。僚很谨慎，从王宫到公子光家都安排了自己的侍卫和亲信，提防公子光的偷袭。酒喝到畅快的时候，专诸将鱼肠剑藏进烤鱼的肚子里，然后双手捧鱼进献到王僚的面前，趁势掰开鱼取出宝剑刺杀了王。吴王僚当场毙命，专诸也被王的侍卫杀死。公子光即位，即是夫差的父亲吴王阖闾。

荆轲

"荆轲刺秦王"是中国人最为耳熟能详的剑客故事，在汉代画像石上屡屡出现。山东嘉祥武梁祠中就有两幅画像石表现这一故事。

武梁祠画像石中"荆轲刺秦王"

　　燕国太子丹惧怕秦国灭掉自己的国家，恳请荆轲去刺杀秦王。但是如何接近秦王成为最大的问题。荆轲提议献上秦王悬赏的樊於期将军的首级和燕国地图，一定可以得到秦王的召见。樊将军听到这个主意后，愿意自杀帮助燕太子完成刺杀大计。荆轲唱着"风萧萧兮易水寒，壮士一去兮不复还"，同勇士秦舞（武）阳一起前往秦国。

　　荆轲先献上樊将军首级，获得了秦王的信任，接着献上地图，在地图全部打开后，荆轲抽出藏在其中的匕首刺向秦王。秦王张皇失措，连忙绕柱逃跑。护卫们连忙来拦截荆轲，秦王慌忙拔剑，终于拔出剑砍向了荆轲的大腿。荆轲情急之下将匕首扔向秦王，没想到击中了柱子。武梁祠中一块有榜题的画像石描绘了刺杀的关键情节。地上一个匣子内盛放人头，榜题"樊於期头"，画面中间一个柱子上插匕首。柱左边一人回首作惊避状，榜题"秦王"二字。柱右边一人怒发直竖，双手上举作狂奔状，右上榜题"荆轲"二字，荆轲被一个护卫死死抱住腰。荆轲前一人惊恐伏地，榜题"秦武阳"。

错金银铜版兆域图

战国黑科技

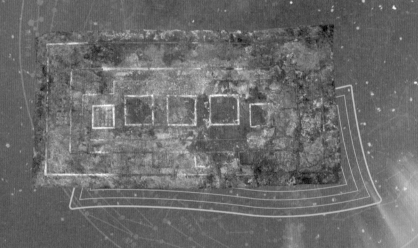

错金银铜版兆域图

馆藏：河北博物院
出土：河北省平山县战国中山王墓
年代：战国

　　这是一块遭受过火烧和压砸的铜版。2300 年的光阴在它身上漫漶开斑驳的印迹，而金银镶嵌的线条依然规整。这是如今已知最古老的建筑平面设计图，设计了一位国王的陵园。王的名字叫礜（cuò），他的国，是战国时期的中山国。礜的名姓并没有在史籍中出现过，这只中山王方壶就是他的史册。

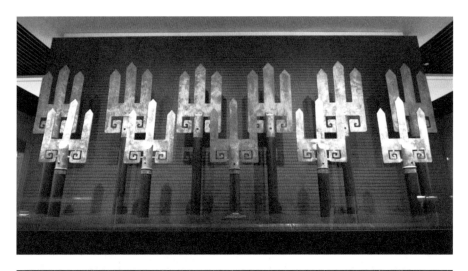

中山国的文字类似小篆，记载着中山王罃出兵燕国，参与平定动乱，并取得胜利的史实。甚至制作方壶的材料，都是来自这场战争的战利品。

中山国的位置大致在今天河北省南部，处在两个强国的包夹下，疆域线上步步皆兵。国王将理想的蓝图置于他的疆土，朝向南方，营造一片中轴线对称的宫殿式建筑。

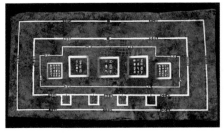

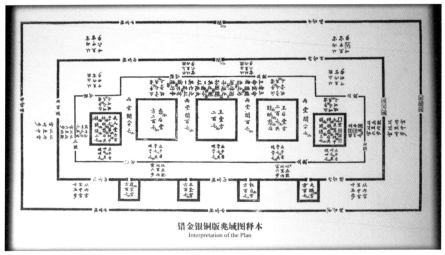

错金银铜版兆域图释本
Interpretation of the Plan

兆域图长96厘米，两步之距；宽48厘米，一步之遥。这是天下之外的脚步。图上标示王陵区域、陵上建筑、各宫室面积和平面形状，标有"尺"和"步"两种度量单位。"尺"标示的建筑，严格遵照比例尺绘制，比值为1:500。精准规划布局的空间思维方式，在平面图上铺展开，视点置身高空，俯瞰辽阔大地。

可惜兆域图的愿景未能实现，只建造完罍和哀后墓，中山国便覆灭。中山国不再有地面上的疆域，它藏在了地下。

2300 年后，嚳的名字和他众多的铜器、错金银器重新出现在世人眼前，展现的却是战国时期的工程和机械技术。构造繁复的方案，两只公鹿两只母鹿四肢蜷起，内侧的凹槽正好嵌套环形底座。龙凤的双翼和身躯缠绕交错，四条龙修长的脖颈舒展向四个方向，龙头转接正方形案板边框。方案由多个构件组装而成，随时等候拆卸，装箱带走。

　　另一件错金银虎噬鹿铜屏风座上，凶猛的虎咬噬柔弱的鹿，腰肢顺着用力的姿势扭向一侧，形成 84 度夹角，承托两扇屏风。活轴合页使屏风可以折叠收纳。另一组帐篷的铜构件不仅拆装组合方便，而且转动它们，可以快速简便地折叠帐篷。

　　这是在多么飘摇的境遇中与现实相拼搏的创造力。也许譬身处战乱，戎马一生，才格外渴望一座井然有序的陵园，身后能在寝宫中获得祥和与安息。

预作寿陵——打造帝王的身后世界

预作寿陵，是指古代帝王去世之前就开始提前建造自己陵寝的行为。这是中国古代帝王陵墓制度的一个重要特征。中山王陵发现的这件兆域图对于考古学研究很重要的一个意义就在于它的发现证实了预作寿陵的存在。因为这是一幅陵墓园的规划蓝图，一个并没有完成的设计。兆域图上除标明了建筑物的大小、名称外，还刊有一份中山王的诏书，根据诏书的内容我们可以知道兆域图应该是一式两份，一份随王陪葬，一份藏于内府。藏于内府的这份则是中山王死后墓地陵园营建的主要依据。根据《周礼春官》的记载，在古代社会一种被称作"冢人"的官吏专门掌管公共墓地，并且"辨其兆域而为之图"，这个铜版兆域图正是这种图像。

秦始皇帝陵

战国之后伴随着大统一帝国时代的到来，预作寿陵更是提升到了前所未有的高度。根据《史记·秦始皇本纪》的记载，"始皇初即位，穿治郦山，及并天下，天下徒送诣七十余万人，穿三泉，下铜而致椁，宫观百官奇器珍怪徙臧满之。令匠作机弩矢，有所穿近者辄射之。以水银为百川江河大海，机相灌输，上具天文，下具地理。以人鱼膏为烛，度不灭者久之。"这些记载有很多已经被目前的考古发现所证实，例如经过对秦始皇陵及其周边土壤的物理探测，可以确认秦始皇陵内部存在大量的水银。

秦始皇帝陵铜车马

秦始皇于公元前 246 年十三岁时即王位，病死于公元前 210 年，也就是说秦始皇陵从修建到其去世前后建设时间长达 30 多年。而直到秦始皇去世，秦始皇陵也并没有完全修好，秦始皇去世以后，秦二世又对秦始皇陵进行了很多善后的工作。如此长时间、大规模劳役建设一方面为后期民众起义埋下伏笔，同时也使得秦始皇陵成为古

秦始皇帝陵兵马俑

代墓葬建筑艺术的结晶制作，更成为奇珍异宝的藏身之所。

　　到了西汉，虽然秦帝国因预作寿陵大规模劳役导致帝国覆灭的前车之鉴近在咫尺，西汉的帝王仍然是预作寿陵的坚决执行者。按照汉代的制度，天子即位第一年就要开始修建陵墓。《晋书》中说"汉天子即位一年而为陵，天下贡赋三分之，一供宗庙，一供宾客，　充山陵"，天下贡赋的三分之一用来营造陵墓，可见帝王对陵墓营造之重视，也可以想象工程之大耗费之巨。

　　到了东汉时期，这种大规模营造陵墓的现象有所克制。建武七年正月，光武帝下令薄葬。他也没有遵循即位第一年就开始营造山陵的旧制，直到建武二十六年才开始

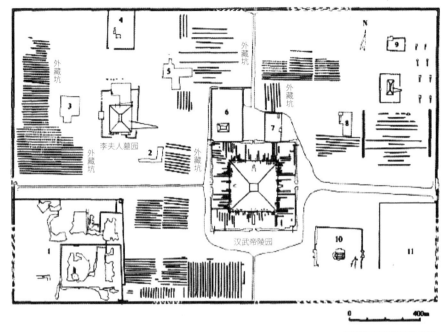

汉武帝茂陵陵区平面图

"初作寿陵"。但是即便如此，预作寿陵的制度仍然没有本质性的改变。《古今注》记载的光武帝原陵"山方三百二十三步，高六丈六尺（16米左右）"，可见其规模仍然比较可观。故预作寿陵的制度与古代陵王陵墓规制宏大、不能在短时间内完工有很大的关系。

预作寿陵的制度为古代帝王将相拥有身后豪华世界提供了可能，但同时这些费时费力打造的豪华陵墓也引起了盗墓者的关注。根据史书记载，秦始皇陵被项羽焚之一炬，西汉诸帝陵在西汉末期被赤眉军几乎挖遍。而到了东汉末年，董卓胁持汉献帝南迁长安，"又使吕布发诸帝陵，及公卿以下冢墓，收其珍宝"。西晋末年，长安饥民

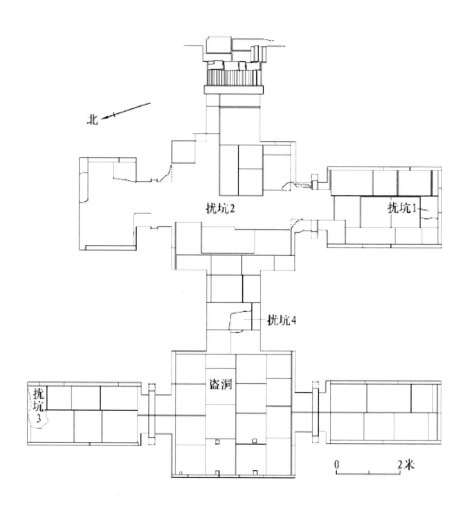

北

扰坑2

扰坑1

扰坑4

盗洞

扰坑3

0　　　　2米

曹操高陵墓室平面图

又挖开了长安城东南的霸、杜二陵。除了这种大规模有组织的盗掘，民间小偷小盗几乎是千年不绝。如此看来，古代帝王花费大把时间和财富打造的地下世界并不是他们的长治久安之所，反而由于过于精心的雕琢引来了久久不息的灾难。

东汉末年的枭雄曹操为了筹集军饷，更是动用军队盗掘大型陵墓，甚至亲自监工。而面对如此混乱的东汉局面，他深知如果自己的陵墓过于奢华将会带来什么样的后果。于是他早早对自己的身后事作了安排，"豫自制送终衣服四箧，题识其上：春、秋、冬、夏，日有不讳，随时以敛，金珥珠玉铜铁之物，一不得送。"建安二十二年六月他颁布诏令，开始营建自己的陵墓。诏曰："古之葬者，必居瘠薄之地。其规西门豹祠西原上为寿陵，因高为基，不封不树。"事实上曹操葬后，他的陵寝还是有很多祭祀的"封树"建筑，只是在黄初三年被曹丕下令废除，一方面是遵从曹操俭德之志，另一方面也是为了避免招惹盗墓者的注意。即便如此，2008 年曹操墓被发现之后，呈现在我们面前的还是一个数次被盗、千疮百孔的墓室，墓内的随葬品也所剩无几。时光荏苒，千年之后如此结局怕是睿智的曹操也未曾料想。

预作寿陵的制度在古代帝王的世系中绵延不绝。它存在的直接原因是因为古代帝王希望得到一个规模宏大、随葬品丰厚的陵寝，这在短时间内是很难完成，必然会是一个规划明确、历时长久的工程。另外他们更把宏伟的陵墓看成是自己功业不朽的象征。金代诗人赵秉文路过咸阳原，望着咸阳原上高大的帝王坟冢，不禁感叹："渭水桥边不见人，摩挲高冢卧麒麟。千秋万古功名骨，化作咸阳原上尘。"归根到底，预作寿陵看起来是帝王将相对身后世界的追求，而事实上却是他们对现世荣华的不舍。

(魏镇)

虎符

执于掌心间的千军万马

阳陵虎符

馆藏：中国国家博物馆
出土：传出土于山东省枣庄市
年代：秦

　　这只萌萌的铜老虎，安静地趴着。乍一看并没有相隔千年的距离感，但它身上的错金铭文和一条规整的中缝，预示着它不凡的身份——兵符。

　　虎符意味着军权，见符即见君。两千多年前，信陵君为得到它，不顾生命安危铤而走险。秦军已经包围了赵国都城。唇亡齿寒，赵国灭国，魏国也将危在旦夕。而魏王因为害怕秦国报复，已经数次拒绝了他增援赵国的请求。信陵君的艰难在于他要不要想办法盗走虎符，增援赵国。最终他还是这么做了。兵符即合，万马齐发，赵国因此得救，魏国也有了暂时的安全。虎符成为扭转国家生死存亡的拐点。

阳陵虎符

杜虎符

新郪虎符

现存于世的虎符只有三个：阳陵虎符、杜虎符和新郪虎符。现藏于陕西省历史博物馆的杜虎符是所有出土虎符中铭文最长的一件，有 40 个错金篆书铭文，大意是：兵甲之符，右符在君王手中，左符在驻扎地的将军手中，调动军队时，君王都会派人持右符去驻地，与将军手中的左符符合，将军才能出兵。

战国时代战火频繁，军情紧急，稍有闪失就可能殃及城池。山高水远，没有现代通信手段，君主就是靠虎符传达军令。为了保密，虎符通常设计成小巧隐匿的造型，实现"账户"和"密码"的有效对接。

虎符都由左右两半组成，君主和将军各执一半，左右符的背面各有榫卯，一一对应，符到则君到。只有同为一组的虎符合在一起，才能发兵。这就是"符合"一词的来历。

古代朝廷传达命令的凭证除了"符"，还有"节"。

现藏于安徽省博物馆的鄂君启铜节，是中国发现的最早的交通免税凭证。相当于现在的交通运输通行证。铜节上的铭文记载了，这是公元前 323 年楚怀王发给儿子鄂君启的运输免税证件。铜节分舟节和车节两种，用时双方各持一半，合节验证无讹，才发生效力。

后世随着勘验手段的发展，符节渐渐成为历史的背影，不过并非踪迹全无。在后来的两千多年里，"符合"的校验逻辑，已经根植于人类活动的角角落落，守护着现代社会的秩序。

符牌

"节"是先秦时期早期出现的信物，随着君主集权的加强，"节"脱离了材料与样式，发展成战国秦汉时期盛行的军事信物——"虎符"。君王利用玺印、兵符调兵遣将，从军事制度上保证了君主集权制。

进入战国时期后，由于社会的剧烈变动，各国相继开展变法运动，诸如为人们所熟知的韩国申不害的改革，秦国的秦孝公、商鞅的变法，等等。各国的变法运动在加强封建国家政治上中央集权的同时，也使军事领导权高度地集中到了国君的手里，各国主要将帅均由国君任免，战争的决策和军队的调动完全控制在国君一人之手，将帅则只负有领兵作战的职责。国君集中行使军权的典型现象，就是各国兵符制度的普遍实施。

《三国演义》第五十一回中，诸葛亮在曹操赤壁兵败北退后，利用虎符诈调曹兵守军，从而夺取南郡、荆州和襄阳三座城池。由此可见兵符的作用之大。

取虎之勇猛所铸造的"虎符"有着分而相合的特性，利用榫卯结构，分为左右两个部分，通常情况下君主掌右符，地方军事长官掌左符。杜虎符在出土之后，它的真伪曾受到过质疑。因其铭文所著为"君"，而未称"王"，且铭文与新郪虎符高度相似，被有的学者指为仿造。但经过确认，杜虎符的出土信息并非伪造；历史地理研究及其他出土文物也证明，"杜"字与当时当地的地名相合。铭文"右在君"更是判断其年代的有效证据：它的制作时间应在公元前338年秦孝公卒，至公元前325年惠文君称王之前。

汉代在兵符上承袭秦制，发兵时还需要诏书。虎符采用错银书，用篆书刻写"一、二、三、四、五"等字样作为编号，南北朝人在集解《史记·孝文本纪》时曾引用东汉应劭的解释："铜虎符，第一至第五，国家当发兵，遣使者至郡合符，符合乃听受之。"如中国国家博物馆收藏的一件堂阳侯虎符，左右两半均有相同的完整错银篆书

堂阳侯虎符

铭文："与堂阳侯为／虎符第一"。虎符发兵的制度经历了从日渐完善到形式化的过程，到东汉后期，虎符随着中央集权的削弱，在调兵中的重要性也发生了改变。

魏晋南北朝时期，虎符沿用不衰，到了隋代被改为麟符，而到了唐代，唐高祖避其祖讳"虎"字，改用兔符、鱼符或龟符。

2008年洛阳厚载门东的一座唐墓中出土一件青铜鱼符，其一侧为平面，上阴刻铭文"司驭少卿崔万石"，鱼腹刻有"合同"二字的左半边。铭文"司驭"两字之间有一大的"同"字，线条较粗且深，被学者认为是可做榫卯结构之榫槽。合同，即将两个阴阳"同"字相合。校验时，若榫卯结构的"同"字能够契合，每侧鱼腹上刻的半边"合同"二字铭文也就会合二为一。现在我们签署文件在中缝盖章大概也是一样的校验逻辑。

唐代鱼符　　　　　　　　　　　唐代鱼符（拓片）

　　唐代的鱼符主要用于地方官员的任命与罢黜，用作出入宫门、城门等的凭证，或用作随身佩戴的身份标志等等。且与秦汉时期相同，鱼符还可用于调发军队。

　　辽代符牌制度发展二百余年，从建国前的刻木为契，到金鱼符、金牌、银牌、木牌等其他样式和质地的符牌不断出现。辽宁省博物馆藏有一件契丹文铜鱼符，左半，鱼形。背有鳞纹错金，顶穿孔，内有作为榫卯结构的"同"凸字，下铸下凹的契丹文。虽然鱼鳞纹内原有的错金已脱落，但仍闪闪发光，十分精美。

契丹文鱼符

御马监太监金牌

明代的符牌种类很多，如宫廷通行证性质的牙牌，标明身份的太监腰牌等；厨子的铜牌上有鱼纹，养豹官军的随驾牌上有豹纹、鹰纹。符牌的形制及编号、使用及佩带等都有不同的规定。

1991年海淀区北下关地区的明代太监墓葬中出土了一枚"御马监太监"金牌，正面竖排"御马监太监"，背面"忠字叁拾捌号"，金质腰牌非太监级别所能使用，应是为随葬而专制的明器。明太祖朱元璋时为限制宦官权力，曾铸铁牌于宫门，规定"内臣不得干预政事，预者斩"。但至明英宗时期，大太监王振毁了铁牌，宦官逐渐取得出使、监军等大权，形成了明代宦官专权的局面，因此在明代的太监墓中以金质的太监腰牌做随葬品是有可能的。

夜巡牌应是夜巡制度的产物，从考古发现看，夜巡牌元代已有，如江苏扬州城出土一枚元代铜牌。至明代夜巡铜牌的发现更多，如辽宁义县出土一件明代义州夜巡牌，

义州夜巡牌

看起来已经是程式化的"工作证"了。工作地点在顶部的"义州"。令牌正面上中部突出一大阳文楷书"令"字，令字旁有生产日期"洪武二十三年造"，工号"义字九号"；令牌的背面还用篆书"夜禁严肃，巡缉奸邪"，犹如夜巡工作人员的口号。据此推测这枚夜巡牌当为明洪武年间义州卫守军使用的令牌。

符、牌已成为历史的缩影，现代社会随着网络与科技的发展，人们用更丰富更个性化的内容去作为信物或是标明身份。"大英博物馆100件文物中的世界史"展中，上海博物馆策展团队选择用二维码来作为当代中国的名片，成为第101件文物。这是一个既契合当下、又体现人文关怀的创意。二维码不仅是存在于当代社会生活中的重要媒介，透过这张二维码，我们似乎也看到了遥远的符牌的影子，在历史沉淀中醒来。

(陈坤)

中国历史年代简表

旧石器时代	约 170 万年前—1 万年前
新石器时代	约 1 万年前—4000 年前
夏	公元前 2070 年—公元前 1600 年
商	公元前 1600 年—公元前 1046 年
西周	公元前 1046 年—公元前 771 年
春秋	公元前 770 年—公元前 476 年
战国	公元前 475 年—公元前 221 年
秦	公元前 221 年—公元前 206 年
西汉	公元前 206 年—公元 25 年
东汉	公元 25 年—公元 220 年
三国	公元 220 年—公元 280 年
西晋	公元 265 年—公元 317 年
东晋	公元 317 年—公元 420 年
南北朝	公元 420 年—公元 589 年
隋	公元 581 年—公元 618 年
唐	公元 618 年—公元 907 年
五代	公元 907 年—公元 960 年
北宋	公元 960 年—公元 1127 年
南宋	公元 1127 年—公元 1279 年
元	公元 1206 年—公元 1368 年
明	公元 1368 年—公元 1644 年
清	公元 1616 年—公元 1911 年
中华民国	公元 1912 年—公元 1949 年
中华人民共和国	公元 1949 年成立

跨越时空的对话

　　《如果国宝会说话》是一档很受欢迎的文博类纪录片。如今，以此为基础的同名图书也即将由五洲传播出版社精心制作推出。让优秀传统文化与当代文化相适应、与现代社会相协调，我觉得这是一件很有意义的事，愿意在此多说几句。

　　文化是一个民族的灵魂。中华民族有着强大的文化创造力，中华文明延续几千年的历史和文明，就生动地体现在这些饱经沧桑的国宝文物之中。它们是我们宝贵的遗产，历久而弥新，帮助我们认识过去、现在和未来，帮助我们坚守中华文化立场、传承中华文化基因，展现中华审美风范，培育起我们共同的情感和价值、共同的理想和精神。

　　习近平总书记指出，要"让收藏在禁宫里的文物、陈列在广阔大地上的遗产、书写在古籍里的文字都活起来"，"把跨越时空、超越国度、富有永恒魅力、具有当代价值的文化精神弘扬起来，把继承传统优秀文化又弘扬时代精神、立足本国又面向世界的当代中国文化创新成果传播出去"。怎样让我们传统文化中的宝藏及蕴藏其中的文化精神"活起来""弘扬起来""传播出去"？《如果国宝会说话》作出了有益的探索。

　　《如果国宝会说话》共精选 100 件国宝文物，每一件都有故事，每一件都是传奇。这本书用文物讲文物，用文物梳理文明，通过国宝文物曲折的经历、跌宕起伏的故事、丰富的图片、有趣的知识讲解，讲述了中华文化独特的创造力、发展脉络和价值理念，非常有意义，也非常有意思。

　　现在，国际社会对中国的关注度越来越高，他们想了解中国，想知道中国人的观念、看法、情感和审美趣味，想知道中国的历史传承、风俗习惯、民族特性等等。我相信，我们的文物、我们这本图文并茂的图书，正好能给外国朋友了解中国提供一个独特的文化、文博视角。当他们在博物馆里看到同样的国宝文物，可能就会在审美过程中感受到中华文化的独特魅力，加深对中华文化的认识和理解。如果这样，善莫大焉。

单霁翔

故宫博物院原院长

《如果国宝会说话》主创人员

总 监 制	顾玉才	张　宁				
监　　制	梁红	陆琼				
总制片人	史岩	陈培军				
制 片 人	徐欢	范伊然				

总 导 演	徐欢
执行总导演	张越佳

分集导演	汪哲	祝捷	王惠	訾瀚	冯雷	王冲霄
	潘懿	寇慧文	叶君	丁曼文	孙戈霆	赵文忠
	崔宇	曹林	陈怡	金明哲	王艺历	喻江
	车钰					

策　　划	和耀红	刘华	李晨	曹林	杨兆凯	潘懿
学术顾问	郑岩	王子今	潘守永	谢小凡	胡江	郭长虹
	许宏	冯时	唐际根	雷兴山	吉琨璋	

文博专家	杨兆凯	李晨	王超	王佳月	刘远富	王伟
	莫阳	左骏	曾辉	王磊	张弛	陈韶瑜
	吴月华					
文学统筹	喻江					

总 摄 影	杨明阳				
摄　　影	刘畅	孙明进	郑鑫	高伟峰	金延哲
剪　　辑	杨玲	闫伸	王剑		

视 效 导 演 ｜ 汪 隆　徐冬艳
视效设计及制作 ｜ 喆和子安视觉工作室
三维技术支持 ｜ 新维畅想数字科技（北京）有限公司

海报设计 ｜ 北京竹也文化传播有限公司

音频制作 ｜ 北京沐肆洲文化发展有限公司
音频监制 ｜ 王 同　高宝喜
解 说 ｜ 杨 晨

音乐总监 ｜ 陈其钢
音乐制作 ｜ 侯 湃　许 扬

后期包装 ｜ 魁天（北京）文化传媒有限公司
后期制作 ｜ 孙 逊　韩小苶
文字校对 ｜ 陈 婧

节目统筹 ｜ 曾庆超　崔 宇　寇慧文
制 片 ｜ 赵 茜　王 瑞　陈韶瑜　冯 竟
制片主任 ｜ 杨 波

项目管理 ｜ 梁 栋　王华伟　钱春峰
播出管理 ｜ 刘 茜　兰孝兵　陈妍妍　聂 茸　霍志坚　欧阳秉辉
　　　　　　符 甄

宣传管理 | 李艳峰

宣传推介 | 王春丽　王彩臻　寇慧文　杜袁腾　张晨明

新媒体推广 | 马梦莹　汪晓琳　段莹

新媒体传播 | 黄娜　宋继先　张庆龙　谢沛然

宣传包装 | 周俊　张鹤　郭仁和　邢克韩　吴悦

责任编辑 | 唐野　李振宇　袁峰　郝蕾蕾

运营管理 | 殷骏　郭宁　袁芬　张雨辰　耿岩
　　　　　　宋鹏洋　苏靖元　宋涛　张涵　李芃芃
　　　　　　田传海

项目监制 | 李向东　张津林

节目监制 | 汪飞舟　冯雪松　史岩　石世仑

项目承制 | 央视纪录国际传媒有限公司

宣传运营 | 上海珍星网络科技有限公司
　　　　　　央视创造传媒有限公司

协助拍摄 | 中国文物报社
　　　　　　中国文物交流中心

中央广播电视总台

国家文物局

联合摄制

图书在版编目（CIP）数据

如果国宝会说话 / 《如果国宝会说话》节目组编著.
-- 北京：五洲传播出版社，2018.12（2023.5重印）
ISBN 978-7-5085-3936-2

Ⅰ.①如… Ⅱ.①中… Ⅲ.①历史文物－中国－通俗读物 Ⅳ.①K87-49

中国版本图书馆CIP数据核字(2018)第135637号

如果国宝会说话 第一季

著　　　者：《如果国宝会说话》节目组
出 版 人：荆孝敏
知识链接：智朴 连泳欣 魏镇 陈坤
特约编辑：宋舒红
责任编辑：樊程旭
设计总监：闫志杰
装帧设计：王春晓
设计制作：北京正视文化艺术有限责任公司
出版发行：五洲传播出版社
地　　　址：北京市海淀区北三环中路31号凯奇大厦B座6层
邮　　　编：100088
发行电话：010-82005927，010-82007837
网　　　址：http://www.cicc.org.cn，http://www.thatsbooks.com
印　　　刷：河北京平诚乾印刷有限公司
版　　　次：2019年8月第1版，2023年5月第8次印刷
开　　　本：787x1092　1/16
印　　　张：18.5
字　　　数：200千
定　　　价：58.00元